사장으로
견딘다는 것

사업과 사람을 지키는 사장의 내공

사장으로 견딘다는 것

ⓒ 최송목 2021

1판 1쇄 2021년 7월 28일
1판 5쇄 2021년 12월 24일

지은이 최송목
펴낸이 유경민 노종한
기획마케팅 1팀 우현권 **2팀** 정세림 현나래 유현재 서채연
기획편집 1팀 이현정 임지연 **2팀** 박익비 **라이프팀** 박지혜 장보연
책임편집 임지연
디자인 남다희 홍진기
펴낸곳 유노북스
등록번호 제2015-000010호
주소 서울시 마포구 월드컵로20길 5, 4층
전화 02-323-7763 **팩스** 02-323-7764 **이메일** uknowbooks@naver.com

ISBN 979-11-90826-69-3 (03320)

사업과 사람을 지키는 사장의 내공

사장으로 견딘다는 것

최송목 지음

유노
북스

일러두기

내용 중 일부는 저자의 전작 《사장의 세계에 오신 것을 환영합니다》, 《사장의 품격》, 《나는 전략적으로 살 것
이다》를 참조했습니다.

빛이 없는 순간은
한순간도 없었다

파산이 급증하고 있다. 대법원에 따르면 지난 2021년 4월 한 달간 개인 파산 신청 건수는 5,000건에 육박했다. 이는 5년 만에 최대치다. 코로나19 사태의 장기화로 자영업자와 실직자들이 벼랑 끝에 내몰리고 있다.

중소기업은 잘 망한다. 요즘은 망하지 않고 10년 넘게 사업자 등록증을 유지하는 회사가 오히려 이상할 정도다. 그만큼 살아남는 게 힘들다. 직장인도 다르지 않다. 대기업에 다니는 직장인들의 바람은 정규직으로 잘 다니다가 정년퇴직하는 것이고, 중소기업 직원의 가장 큰 염려는 다니는 동안 혹 회사가 망하지 않을까 하는 것이라고 한다. 정년은 차치하고 자식들 키울 동안만이라도 회사가 망하지 않았으면 하는 것이 그들의 소박한 소망이다.

나는 600만 원짜리 쌍문동 반지하 전세로 신혼살림을 시작했다. 땅 반 하늘 반인 창문 너머로 가끔 지나다니는 곁집 꼬마의 다리가 보였고 시도 때도 없이 연탄보일러 끓는 소리가 '펑펑' 들렸다. 조리, 세탁, 샤워를 전부 수도 한 꼭지에서 해결했다. 부엌과 천장에 쥐들의 쿵쾅거리는 소리에 잠 못 이룬 밤이 많았고 여름이면 집안 곳곳에 온갖 벌레가 오갔지만 세상 사람들이 다 그렇게 사는 줄로만 알았다.

기댈 곳 없던 우리 부부에게 가난을 벗어나기 위한 희망은 월급과 주식뿐이었다. 1980년대 초부터 일찌감치 시작한 주식 투자로 큰돈을 벌었다. 안양시 석수동의 작은 아파트로 이사를 갔고 갭 투자로 아파트 두 채를 마련했다. 하지만 모두 입주도 못 해 보고 다시 주식으로 날렸다. 오히려 3억원의 빚까지 더해지는 바람에 하루하루 이자 내기도 벅찬 최악의 직장 생활을 했다.

빚과 빈곤으로부터 탈출하기 위해 낮에는 직장을 다니고, 퇴근 후에는 액세서리 가게를 하며 4년간 투잡 생활을 이어 가다가 새로운 희망을 찾아 사업에 뛰어들었다. 사업이 점점 잘되면서 창업 7년 만에 코스닥 상장까지 하게 됐고, 남들이 가장 힘들어했던 IMF 때 자산 100억 원(지금 기준으로 약 1천억 원)을 거머쥘 만큼 성공했다.

하지만 혜성처럼 나타나서 성공의 날갯짓 몇 번 하다가 사라진 '무지개 사장'에 그치고 말았다. 내가 공동 창업으로 일군 ㈜한국교육미디어는 3억(95년), 30억(96년), 70억(97년), 122억(98년), 204억(99년), 288억(00년) 원이라는 경이적인 매출 신장으로 급성장해 2003년 코스닥에 상장했다. IMF 당시 우리 회사는 업계의 신화였다. 한때 카이스트 경영 대학원 MBA 과정의 케이스 스터디 사례로 활용되기도 했고 직접 초청받아 강단에서 성공 사례 발표도 했다. 그러나 사업 확장에 실패하자 점차 성장이 둔화됐다. 결국 추세선을 돌파하지 못하고 경영권도 수차례 바뀌면서 10년을 채우지 못하고 상장 폐지되고 말았다.

시중에 많은 자기 계발서들이 나와 있다. 이 책들의 공통점은 인생의 문제에 무슨 비법이 있는 것처럼 공식을 만들어 대입한다는 것이다. 제각기 다른 인생길에서 문제를 해결하는 방식도 각자 다를 텐데 웬 공식인가? '윤여정처럼 오스카상 타는 공식', '카카오 김범수 의장처럼 되는 부의 공식', '쿠팡처럼 뉴욕 증시 상장하는 공식'이 없는 것처럼 성공과 실패에도 완벽한 공식은 없다. 남들의 철 지난 방법론에 불과하다. 이 책에도 몇 가지 방법론을 제시했지만 어디까지나 나의 경우다. 남들을 따라 하는 것만으로는 '경험 쇼핑'에 그칠 뿐이다. 오리지널, 내 것을 만들어야 한다. 스스로 방법을 찾으려는 노력만이 온전한 당신만의 생각 근육을 만들어 줄 것이다. 이 책은 그런 당신의 보조자다.

회사를 경영한다는 것은 하루하루 살얼음판을 내딛는 긴 여정이다. 나 역시 사업 과정에서 많은 갈등과 모진 풍파를 겪었다. 이 책은 최근 팬데믹이 불러온 불황으로 위기를 맞은 사장 여러분이 나의 아쉬운 과거를 반면교사 삼아 위기를 극복하길 바라며 썼다. 나는 내가 더 지혜롭다고 생각하지 않는다. 다만 더 긴 시대를 겪고 경험이 많을 뿐이다. 경험이 많다고 더 지혜로운 것도 아니다. 어차피 닥쳐올 미래는 누구에게나 처음이고 새롭다. 오히려 잡다한 낙서로 뒤덮인 나보다 순수한 여러분이 더 나을지 모른다. 마라톤이라면 내가 먼저 출발해 구간에 들어선 것뿐이다. 다만, 먼저 달리면서 뼈저리게 경험한 교훈들 중 한두 가지쯤은 당신에게 도움이 되기를 바란다. 이 책이 당신에게 상황을 좀 더 수월하게 극복할 수 있도록 활용되고 영감이 되기를 기대한다.

| 당신의 존재가 곧 희망이다 |

요즘 TV만 켜면 유난히 귀에 쏙쏙 들어오는 말이 있다. '지속 가능 경영'이라는 광고 문구다. 매체에 자주 나온다는 것은 아마도 지속 가능한 경영이 그만큼 중요하고 추구하는 이가 많다는 방증일 것이다. 성공은 우리 모두가 바라는 공통의 주제다. 사람들은 성공이 오래 지속되기를 원한다. 따라서 이 책을 관통하는 바람 역시 '견디며 살아남는 것'이다. '지속하는 존재'가 되기 위해서는 공격적이고 거품 가득한 공허한 성공이 아니라, 방어적이지만 속이 꽉 찬 단단한 성공이 필요하다.

영화 〈덩케르크〉에 인상적인 장면이 나온다. 전장에서 돌아온 병사들에게 담요를 나눠 주던 노인과 병사들의 대화다.

"수고했네."
"그냥 살아서 돌아온 것뿐인데요."
"그걸로 충분해."

이 영화는 1940년 제2차 세계 대전 당시, 프랑스 덩케르크 해안에 고립된 40만 명의 연합군을 구하기 위한 사상 최대의 탈출 작전을 그린 실화로, 한 청년이 덩케르크에서 살아 돌아오는 데 초점을 맞췄다. 전쟁에서 철수는 승리가 아니다. 하지만 이 영화에서 철수는 승리다. 사업 또한 성공하기 위해 시작하지만 때로는 생존하는 것만으로도 승리가 될 수 있다. 특히 불황기의 변곡점에서는 더욱 그렇다. 회사가 사라지면 할 수 있는 게 아무것도 없다. 당신이 그토록 하고 싶어 하는 복지, 사회적 책임, 기부, ESG 등등 품격을 추구하는 일은 회사가 존재하지 않으면 할 수 없다. 그러므로 당신의 사업이 '지속하는 존재'가 되는 것이 최우선이다. 그것은 다른 모든 가치에 우선한다.

잠시 책을 덮고 하늘을 보라. 어제도 오늘도 태양은 늘 우리를 비추고 있다. 늘 변함없이 빛을 보내지만 가끔 구름에 가려 보이지 않을 때도 있다. 희망도 그러하다. 잠시 가려질지언정 빛이 없는 순간은 한순간도 없었고, 앞으로도 없을 것이다. 부디 잘 견뎌 내기를 바란다. 그래서 살아남길 바란다. 당신의 존재가 곧 희망이고 승리다. 악전고투하는 사장들에게 이 책을 바친다.

최송목

목차

1장

사장도
울고 싶을 때가 있다

고독을 견디는 태도

2장

내 사업, 내 사람을 지켜야 한다

흔들림 없는 내진 설계

3장

대부분의 승부는
맷집에서 갈린다

고비를 넘기는 힘

4장

긴 호흡으로 견디는 자가
승리한다

끝까지 살아남는 저력

사장도
울고 싶을 때가
있다

| 고독을 견디는 태도 |

실패를 제대로 인식해야 실패에서 벗어날 수 있다. 실패를 찬찬히 바라보고 관찰하고 분석해 보자. 나의 실패가 아니라 남의 실패처럼 바라보자. 나의 실패는 뼈아픈 고통이지만 남의 실패는 웃으며 배우는 타산지석이다. 지나온 실패를 아픔으로만 느끼지 말고 벽에 걸린 작품으로 만나 보자. 어쨌거나 당신이 만들어 낸 작품이다. 걸작을 만들기 위해 시도했던 미완성의 작품이다. 요모조모 바라보다 보면 실패의 원인, 과정, 결과가 한눈에 들어올 것이다. 실패 통찰이다.

오늘도
악전고투하는
나는 사장이다

사장들은 모두 한결같이 악전고투 중이다. 그중에는 숨만 겨우 붙어 있는 이도 있고, 발버둥 치는 이도 있고, 이미 시장이라는 무대에서 사라진 이도 있다. 요즘 대부분의 사장들에게 지금 사회 도처에 울려 퍼지고 있는 정의, 투명성, 사회적 책임, 기부, 착한 기업 등 각종 멋진 슬로건들은 남의 집 잔칫상에 불과하다. 쏟아지는 장대비 앞에서는 비를 막아 줄 우산과 장화가 필요할 뿐, 나를 돋보이게 하는 화장품과 액세서리는 어울리지 않는다. 정부의 재난 지원금도 코끼리 비스킷에 불과하다. 정부가 소상공인을 위해 애쓰는 것은 알지만 받아들이는 사장 입장에서는 언제 숨이 넘어갈지 모르는 시한부 같은 심정이니 목숨을 한두 달 연장해 준대도 늘 불안하고 초조할 뿐이다.

빚과의 전쟁

B 씨는 최근 아침 8시부터 해가 질 때까지 은행과 카드사, 대부업체에서 40여 통의 빚 독촉 전화를 받는 게 일상이다. 2019년 말 남편과 함께 카페를 차렸지만 코로나 바이러스가 퍼지면서 매출이 반토막 났다. 매출로 운영비를 낼 수 없다 보니 부모나 친구 등 주위에 손을 벌리다 결국 은행에서 대출을 받았고 심지어 차량 담보 대출과 불법 일수까지 끌어다 쓰며 1년 동안 1억 원에 가까운 빚이 쌓였다. 전기세, 카드값, 차량 할부까지 모두 밀렸다. B 씨는 "하루 종일 빚 독촉 전화를 받다 보니 아침이면 눈뜨기가 싫어요"라고 말한다. 몇 번이고 폐업 생각을 했지만 인테리어 철거비도 만만치 않고 버티다 보니 이 지경이 됐다고 했다.

코로나19 이후 파산을 고민하다

H 사장은 요즘 마음이 바쁘다. 매출을 올리기 위해 바쁜 게 아니라 잘 망하기 위해 바쁘다. 회생 절차, 파산 절차를 알아보기 위해 변호사를 만나고 지인에게 자문을 구하고 있다. 8년 전, 그가 사업을 시작할 때만 해도 꿈과 희망에 부풀어 있었다. H 사장은 대학에서 산업 공학을 전공했고 미국으로 건너가 석사를 취득한 엘리트다. 거기다 IMF 때 벤처 회사를 경영하며 수차례의 M&A와 투자 유치를 추진했던 경험 많은 베테랑이다. 이런 그가 곤경에 빠졌다. 그의 사업 아이템은 사업 초기만 해도 공유 경제 개념이 붐을 일으키던 때라 유망 사업이라는 점에 이견이 없었다. 여러 대기업과 MOU 체결은 물론 VC로부터 투자 유치도 받았고 정부 R&D 사업도 선정됐다. 그러나 후속 투자 유치와 M&A의 무산으로 사업이 지지부진해졌다.

거기에 불어닥친 코로나19 사태는 공유 경제 사업에 치명적이었고 이 여파로 회사는 파산 진행 여부를 고민 중이다.

사장님은 대리운전 중

오후 7시, 저녁 식사를 마치자마자 K 사장이 출근을 서두르고 있다. 안양 시내의 번화가가 그의 새 직장이다. 지난 9월부터 K 사장은 대리운전을 시작했다. 그는 2000년대 후반까지 잘나가던 기업 홍보물 제작자였다. 그러다 지인의 소개로 폐기물 처리 사업에 뛰어들었다. 시에서 정수 슬러지를 공급받아 건축 자재를 생산하는 사업이었다. 모 시와의 협약서를 근간으로 자금을 유치하고 대지를 샀다. 융자를 받아 공장을 짓고 폐기물업체 허가까지 받았다. 그런데 공장 가동을 몇 달 앞두고 계약했던 시에서 슬러지 공급을 거부하는 바람에 3년 동안의 고생이 한순간에 물거품이 됐다. 공장은 경매에 붙여져 지난 2월 제삼자에게 넘어갔다. 결국 회사는 모 시와의 계약 불이행 손해 배상 소송 중에 있고 사장이었던 그는 대리운전으로 하루하루를 연명하고 있다.

아쉽게도 이런 사장들의 악전고투에 해 줄 수 있는 명쾌한 답은 없다. 다만 이 말만은 꼭 하고 싶다. 비록 악전고투하더라도 고군분투는 하지 말라. 사장이라고 해서 당신 혼자 온전히 고통을 다 떠안으려 하지 말라는 것이다. "기쁨은 두 배로, 슬픔은 반으로"라는 말도 있지 않은가. 모든 부담을 나눌 순 없지만 가능한 한 많은 사람과 머리를 맞대고 해결책을 마련해 보는 것이다. 함께하는 직원도 있고, 힘을 주는 친구도 있고, 관계 회사도 있을 것이다. 이 세상이 모두 당신 것이 아니듯 고민 또한 전부 당신 것이 아니다. 지금 당장 친구를 만나라. 그리고 그 고통을 반으로 나눠라.

불황에는
언제나
기회가 있는 법

　우리는 일이 잘 풀리면 흥이 나고 즐겁다. 하지만 성공과 성취감이 일상화되면 기쁨은 무뎌진다. 행복은 휘발하기 쉬운 속성을 가졌기 때문이다. 그래서 잘되면 긴장이 풀리고 자연스럽게 매너리즘에 빠져 일상이 졸리다. 반대로 불황을 맞거나 사업이 어려워지면 '혹시 이러다 망하는 게 아닐까?', '돈을 까먹지 않을까?', '거리로 나앉게 되는 거 아닌가?' 하는 불안감으로 멘탈이 쪼그라든다.

　"호황에 졸지 말고, 불황이라고 쫄지 마라."

　말이 쉽지 실제로 닥치면 실천하기 어려운 말이다. 그러나 실패했을 때,

낙담에 빠졌을 때 다른 건 몰라도 '악착같이 살아남아야겠다는 의지'는 그무엇보다 중요하다. 물론 마음을 고쳐먹는다고 금세 마음이 단단해지기는 어렵다. 뭐든 의지대로 잘 되지 않는 게 현실이다.

실용적 방법을 하나 소개하겠다. 목표를 가까운 곳에 둬라. 목표를 너무 멀리 두면 금방 맥이 빠지고 빠르게 지친다. 나는 가끔 등산을 간다. 출발하기 전에는 의욕이 넘치지만 막상 산에 다다르면 초입부터 의지가 꺾이고 '괜히 왔나? 여기서 쉬다가 내려가서 밥이나 먹고 갈까?' 하는 오만가지 유혹에 빠지기도 한다. 이때 내가 쓰는 마인드 컨트롤 방법이 있다. 바로 "10분만 더 가 보자"와 "100미터만 더 올라가 보자"라는 다짐으로 스스로를 등 떠미는 것이다. 지치고 의욕이 떨어졌을 때일수록 산의 정상을 생각하면 결코 정상에 오르지 못한다. 멀리 있는 정상보다는 바로 눈앞의 열 계단, 열 걸음만 더 오른다고 생각해야 계속 걸음을 뗄 수 있다.

회사 경영도 마찬가지다. 매출도 바닥이고 손님도 없고 월세 독촉으로 마음이 무거울 땐 하루하루가 지옥이다. 이때 앞으로의 1년, 2년을 걱정하고 염두에 두면 답이 없다. 그냥 캄캄할 뿐이다.

장기 계획도 좋지만 상황이 어렵다면 당장 머리에 들어오지 않는다. 눈앞의 현실에 아무런 도움도 되지 않는다. 이럴 땐 당장 내일, 모레, 일주일만 버틴다 생각하고 오늘을 견뎌야 한다. 그러면 조금은 평정심을 찾을 수있다. 천천히 안개가 걷히며 뭔가가 보일 것이다. 그때 다시 용기를 내서 다음 발걸음을 내딛는 것이다.

| 상황에 위축되면 기회를 놓친다 |

"언제 자금이 들어올 수 있나요?"

C 사장의 물음에는 조심스럽지만 다급한 마음이 느껴졌다. 그의 회사는 정부 조달 PC 납품업체로 어느 정도 입찰 자금만 확보되면 시장 점유율을 확대할 수 있는 유망한 중소기업이다. 추가 자금 조달이 필요해 투자를 유치하는 과정에서 C 사장이 컨설턴트인 내게 한 말이다.

C 사장은 무척 솔직하고 정직한 사람이다. 그러나 미팅이 끝난 다음 날 나는 투자하기로 한 투자사로부터 "혹시 그 회사, 경영상 다른 문제는 없는지요?" 하는 확인 전화를 받았다. C 사장의 다급함과 불안감이 투자자에게 전달돼 괜한 의심을 키운 것이다. 결국 다 된 밥에 코 빠트린 격이 되며 투자가 무산됐다. 조금만 태연하고 안정적인 모습으로 차분히 응했더라면 좋은 결과를 얻었을지도 모른다.

사장에게는 때로 허장성세가 필요하다. C 사장의 경우, 그의 초조함이 투자사에게 회사를 자금 부족의 부도 직전 상황으로 오인하게 만들어 투자를 주저하게 만들었다.

사장은 배가 아무리 흔들려도 어느 정도 침착함을 유지하며 표정 관리를 할 필요가 있다. 설령 배가 침몰할지언정 여유 있게 뒷짐을 지고, 가라앉는 순간까지 평정심을 유지하는 선장의 모습을 유지해야 한다. 그래야 주위 사람들이 신뢰를 갖고 안심하고 움직인다. 죽음을 목전에 두고도 "나의 죽음을 적에게 알리지 말라"라고 한 이순신 장군의 명언을 되새겨 볼 필요가 있다. 힘들다고 너무 쫄지 마라.

│ 호황에 졸지 말고 불황에 쫄지 않는 멘탈 │

외부적으로도 그렇지만 내부적으로도 사장은 멘탈 관리가 필요하다. 의사 결정의 맨 꼭대기에 있는 사장은 늘 외롭다. 그 또한 사람이기에 감정과 멘탈을 균형 있게 유지하는 데 어려움이 있을 것이다.

약한 멘탈은 호황일 땐 큰 문제가 없지만 불황일 땐 문제가 된다. 감정이 크게 동요되면서 직원들에게 들킬 수 있다. 사장의 표정은 항상 직원들의 관심사다. 직원들은 사장의 일거수일투족, 특히 표정에 각별한 관심을 갖는다. 그의 심기에 맞춰 행동하기 때문이다. 자칫 표정 관리에 실패하면 직원은 마음속으로 '이번 달 월급은 제대로 받을 수 있을까? 사장님 표정 보니 두세 달 넘기기 힘들 것 같은데 다른 직장을 알아봐야 하나?' 하며 불안감을 느낄지도 모른다.

한류와 난류가 만나는 곳에는 큰 어장이 형성된다. 플랑크톤이 풍부해지고 한류성 어종과 난류성 어종이 함께한다. 사업은 호황기라 해서 모든 사업자가 호황을 누리지는 않는다. 반대로 불황기라 해서 모든 사업자가 어려움을 겪는 것도 아니다. 기회는 오히려 호황에서 불황으로, 불황에서 호황으로 넘어가는 혼돈의 교차점에서 더 활발하게 나타난다. 이 시기에 신홍 부자가 탄생하는 것이다.

최근 한국경제신문은 비씨카드와 공동으로 전국 300만 비씨카드 가맹점에 대한 빅 데이터 분석을 토대로 '장사의 신(神)' 100곳을 선정했다. 격리와 비대면이라는 최악의 환경에서 오히려 매출 성장을 달성한 자영업자들이다. 여기 100곳 중 43곳이 2019년에 창업했고 2017년 이후 개업한 이들까지 포함하면 '창업 신인' 비중이 69퍼센트에 달한다는 점이 흥미롭다. 특히 서울 마포구 망원 시장에 있는 '우이락' 전은철 사장의 지난해 매출은 전년 대비 무려 10배다.

여기서 핵심은 위기의 순간 트렌드를 읽고 기회를 포착하는 것이다. 호황에 너무 느슨해져서 매너리즘에 졸지 말고, 불황에 너무 없어 보인다거나 긴장해서 쫄지 마라. 호랑이 굴에 들어가도 정신만 차리면 방법이 있다. 기회는 모든 순간에 존재한다. 이 말이 믿기지 않는다면 과거 역사의 모든 변곡점을 한번 살펴보라. 모든 변화는 기회다. 호황도 기회, 불황도 기회다. 99퍼센트가 아니라 100퍼센트 그렇다.

위험은
늘 예고 후에
찾아온다

바다 위 하늘을 날던 새가 순간 시속 96킬로미터로 폭격기처럼 바닷속에 있는 정어리 떼를 습격한다. 아프리카 케이프타운 서쪽 해안의 작은 섬 버드 아일랜드에 서식 중인 '케이프가넷'이라는 바닷새다. 정어리 떼는 물속 돌고래들의 위협에만 정신을 쏟고 있다가 물 밖의 갑작스러운 습격에 속절없이 당하고 만다. 바닷속의 삶이 전부인 정어리에게 수면 위 하늘은 알 수 없는 미지의 세계다. 자기와 무관하다고 여겼던 예측 불허의 공간으로부터 침입을 받은 것이다.

경영에서 케이프가넷 같은 예측 불허의 리스크가 발생하면 사건이 일어나고 나서야 비로소 깨닫고 대책 수립이 가능하다. 예컨대 2020년 일본의 반도체 제조 공정에 필수 3개 품목에 대한 수입 규제 조치, 화이트 리스트에 한국을 배제한 사건 등은 평소에 전혀 고려하지 않았던 돌발 상황이다. 2021년 3월 23일 오전 7시 40분에 발생한 수에즈 운하 마비 사고도 그렇다. 전 세계 물류의 약 10퍼센트가 수에즈 운하를 통과하는데 이 사고의 여파로 해상 운임은 물론 항공 운임 급등으로 이어져 석유, 커피, 자동차 등 실물 경제에 전방위적 피해가 확산됐다. 최근 들어 부쩍 심각해진 중국발 미세 먼지도 평소 공기의 중요성을 전혀 생각하지 않다가 맞이했다. 당연했던 것들이 당연하지 않게 변하자 근간이 흔들리는 것이다.

| 난관에 넘어지지 않는 태도 |

오래 전 이탈리아 폼페이의 베수비오 화산 폭발 유적지를 여행한 적이 있다. 서기(A.D) 79년 8월 24일 베수비오 화산의 폭발로 도시 전체가 폐허가 된 역사적 현장이다. 영화 필름이 돌아가다가 갑자기 멈춘 것처럼 그야말로 '얼음' 상태의 모습이었다. 그 미라들을 보고 있으면 마치 타임머신을 타고 2,000년을 거꾸로 온 기분이 들었다.

위기는 언제 올지 모르고, 그래서 다들 대비하기 힘들다고 말한다. 하지만 큰 위험이든 작은 위험이든 위험은 신호를 하고 온다. 큰 변화에는 항상 징조가 있다. 그 당시 2만 명의 폼페이 시민들은 몇 번의 경고를 설마설마하며 무시했다고 한다. 가진 것 없는 노예들은 그 자리를 떴지만 권력과 명예심 가득한 2,000여 명의 귀족과 부자 상인들은 마지막까지 저택에 남았다가 모든 것을 잃었다. 예나 지금이나 위험의 신호나 징조가 없어서가 아니라 욕심 때문에 위험의 결과를 고스란히 떠안은 것이다.

흔히 이미 경고된 위험은 더는 위험이 아니라고 한다. 하지만 그건 준비된 자들에게나 그렇다. '위험하지 않은' 위험은 없다. 위험은 위험이다. 그리고 위험은 항상 징조나 예고가 있다. 화산은 폭발하기 일주일 전에 구름 모양이 달라지고 동물들이 공포에 떨며 곤충들이 이동을 시작한다. 마찬가지로 조직이 무너지기 전에도 이런 징조가 나타난다. 이를테면 이직률이 높아지고, 핵심 간부가 퇴사하고, 직원들의 불만도가 높아지면서 사기가 낮아지고, 긴장도가 떨어져 사소한 사고가 잦아지고, 출퇴근이나 청결 상태가 불량해진다.

이런 위험을 피하는 최고의 방법은 위험 요소를 제거하는 것이지만 피할 수 없는 위험이라면 이를 늘 주시하고 관리해야 한다. 위험한 공사 현장이 있다면 우회하든지 아니면 안전모를 쓰고 조심히 지나가야 한다. 위험도를 줄이는 것이다.

물론 위험의 징조인 줄 알았으나 무성한 소문과 실체 없는 공포로 끝난 사례도 있다. Y2K 바이러스, 광우병 사태는 한때 온 나라가 시끌벅적했지만 결국 아무 일도 일어나지 않았다. 그러나 분명한 건 그 위험을 대하는 태도다. 예컨대 119 화재 신고를 받고 나서 진짜인지 가짜인지 구별한 뒤 출동하는 태도는 곤란하다. 무조건 출동해야 한다. 자칫 회색 코뿔소(Gray Rhino)가 될 수도 있다. 이는 코뿔소가 몸집이 커서 멀리 있어도 눈에 잘 띄며 진동만으로도 충분히 움직임을 예측할 수 있지만 막상 들이닥치면 꼼짝

없이 당한다는 것을 비유한 말이다.

　미래를 낙관적으로 보는 태도는 좋지만 행동까지 낙관 상태로 방심해서
는 곤란하다. 막연한 낙관과 방심은 엄청난 재앙을 부른다. 특히 사장 개인
의 주관적이고 근거 없는 낙관은 회사와 가족을 갑작스러운 쓰나미에 몰아
넣을 수도 있다.

넘어지지
않는
인생은 없다

서점에 가면 실패하지 않는 방법을 제시하는 책들을 흔히 볼 수 있다. 책의 홍보 문구만 보면 마치 실패 없이 성공하는 길이 있는 것 같다. 그래서 사람들은 생각한다. '나도 실패 없이 성공할 수 있을 것'이라고. 하지만 이것은 엄청난 착각이다. 이 세상에 실패하지 않고 성공하는 경우는 없다. 인큐베이터에 갇혀 살다가 바로 무덤으로 간다면 모를까, 살면서 도전하는 모든 것에 실패는 필연이다. 우리는 살면서 크고 작은 도전을 한다. 그래서 실패를 경험하지 않는 방법은 없다. 실패를 피하는 방법은 딱 한 가지다. 바로 숨만 쉬고 가만히 있는 것이다.

이 세상에는 두 부류의 사람이 있다. 실패에 머물러 있는 사람, 실패의 테두리를 벗어난 사람이다. 실패를 벗어난 사람은 성공으로 나아가는 과정에서 실패를 과거로 밀어낸 사람이다. 이처럼 실패는 삶에 갑자기 던져진 골 칫거리가 아니라 삶의 일부이자 성공의 일부다. 그래서 실패 없이 해 보겠 다는 말은 성립할 수 없다. 실패를 줄이고 실패에서 얼마나 빨리 회복하느 냐가 더 중요하다.

국내 최초의 로봇 바리스타 개발 공급 회사인 라운지랩 황성재 대표는 TV 인터뷰에서 "실패를 줄이는 게 성공이다"라고 말했다. 고교 시절 댄스 그룹을 만들어 활동하던 그의 성적은 32명 중 32등 꼴찌였다. 겨우 입학한 광운대에서 "광운대는 서울대를 이길 수 없지만 광운대 학생은 서울대 학 생을 이길 수 있다"라고 말해 준 은사의 말을 가슴에 새겼다고 한다. 황 대 표는 ㈜플런티, ㈜피움, ㈜육그램 등 다양한 기술 기반 회사를 공동 설립했 으며, 이 중 플런티는 2015년 국내 스타트업 최초로 삼성전자에 인수됐다. 그는 지금 수십 편의 논문과 수백 건의 특허를 보유한 발명가이자 창업자, 그리고 투자자로 활동 중이고 지속적으로 발전해 가는 그의 인생사 덕분에 '현대판 장영실', '한국의 에디슨'으로 불린다.

스타벅스의 하워드 슐츠 회장은 이렇게 말했다.

"성공의 비법이나 사업에서 실패할 염려 없이 성공을 가르쳐 줄 수 없다."

그 사람이 어떻게 살아왔는지는 실패 후 곤경에 처했을 때 가장 잘 드러 난다. 특히 막대한 부를 축적했거나 큰 조직을 움직였던 화려한 이력의 지 도자인 경우, 실패 후 어떻게 행동하느냐에 따라 그의 진면목이 드러난다. 진퇴와 자기희생, 실패 과정을 견디는 방법, 주변 사람에게 처신하는 태도에 그의 성공 자질이 담겼다. 즉 실패의 미학이다.

넘어지지 않는 인생은 없다. 넘어져야 인생이다. 도전의 횟수가 많을수록 실패도 그 수만큼 늘어난다. 야구에서 출루가 잦으면 병살타나 삼진 아웃이 많이 생길 수밖에 없다. 실패가 0이 되려면 출루하지 않고 대기해야 한다. 이는 갓 태어난 아기가 요람 안에서만 지내다가 바깥세상은 구경도 못 해 보고 삶을 마감하는 것과 같다. 안전함을 추구하다가 숨만 쉬며 죽어가는 것이다.

| 물질적 성공만큼 정신적 성공도 중요하다 |

산이 있으면 반드시 골짜기가 있고, 산이 높을수록 골짜기는 깊다. 골이 깊음을 두려워하여 높은 산을 오르기 망설이는 사람에게 정상의 성취감이란 없다. 오직 능선만 있을 뿐이다.

그렇다면 정상에 도달한 사람들은 어떤 행동을 취할까? 성공한 사람들은 그가 바라던 대로 만족하고 행복하게 살아갈까? 인간에게 어느 정도의 부가 쥐어지면 둘 중 하나로 나뉜다. 첫째, 부에 도취돼 쾌락을 추구하다 스스로 몰락하는 작은 부자다. 둘째, 미와 철학, 예술 등 또 다른 가치를 추구하는 큰 부자다. 전자는 물질적 부자에 그치지만 후자는 물질적이고 정신적인 물심양면 부자를 지향한다.

사람들은 보통 부가 넘쳐 나면 온 세상을 가진 양 우쭐댄다. 급기야 돈을 숭배하는데, 돈을 최우선 가치로 두고 가난한 사람을 업신여기며 교만에 빠져 배려와 겸손을 잊는다. 돈을 인격과 동일시하는 태도, 오만함, 특권 의식은 몰락의 단초가 되어 불행의 길로 이끈다. 모두는 아니지만 대개 그렇다. 이들은 돈으로 출발해 돈으로 끝난다. 돈으로 성공해서 돈으로 몰락하는 것이다. 명예와 권력도 맥락은 같다. 언론에 보도되는 회장, 사장, 장관, 시장, 의원, 고위 공직자들의 갑질 논란이 그 사례다.

끊임없는 노력과 도전으로 '값진 실패'를 하든 성공과 부를 달성하고 교만에 빠져 몰락하는 '오만한 실패'를 하든 종착지는 같다. 성공하기 위해서 실패는 필연이다. 그리고 성공한 후에 자기만의 계획, 정체성, 철학이 부족하면 다시 실패로 돌아간다. 성공한다고 다 똑같은 성공이 아니다. 완전한 성공은 정신적 성공을 요구한다. 실패는 회복 과정에서 피나는 재기의 노력이 필요하지만, 성공은 그것을 유지하기 위해서 끊임없는 자기 절제가 필요하다.

많은 이들이 인생을 마라톤에 비유하곤 한다. 전체 구간 42.195킬로미터를 뛰면서 한 번도 고비가 없었다면 거짓일 것이다. 우리는 인생의 고비가 없는 사람을 순탄한 인생을 살았다고들 표현하고 괜찮은 삶, 행복한 삶이라고 말한다. 하지만 내 생각은 좀 다르다. 만약 50세까지 한 번도 실패한 적 없는 사람이 있다면 그가 가장 위험한 인물이다. 곤경에 처했을 때 가장 빠져나오기 힘든 연령이기 때문이다.

그동안 고통이 없었다면 다행으로 여기며 앞으로 감사와 겸손으로 살아가야 할 것이고, 고통을 겪는 중이라면 미래의 희망을 향해 지금을 건너야 할 것이다. 그러나 이 세상에 영원한 실패와 고통은 없다. 시간이 모든 것을 해결해 준다. 신은 항상 우리가 견딜 만큼의 시련만을 안겨 준다.

모든 것을
혼자 짊어져야 하는 사람은
외롭다

우리는 피붙이 부모 형제도 있고, 믿을 수 있는 친구도 있고, 배우자도 있고 그 외에 많은 이웃들이 있다. 하지만 이 모든 이와 동떨어져 외톨이가 되는 때가 있다. 사랑하는 배우자, 형제, 가족, 절친에게조차 말할 수 없는 고독과 외로움에 빠져드는 순간이 온다. 특히 사업 과정에서 나의 상황과 어려움에 충분히 공감하고 감정 이입을 해 줄 수 있는 사람이 아무도 없을 때가 그렇다. 당신이 아직 그런 기분을 경험하지 못했다면 지금이 아주 좋은 때이거나 아직 정상에 도달해 보지 못했다는 뜻이다.

나에게도 외로움에 대한 공포의 기억이 있다. 초등학생 때 내가 오갔던 등굣길은 4킬로미터로 어린아이에게는 꽤 먼 거리였다. 지금이라면 버스라도 탔겠지만 그땐 대중교통이 흔치 않았다. 낮에는 무서운 줄 몰랐지만 방과 후 어둑하고 한적한 길을 혼자 걸을 땐 그 공포감이 대단했다. 특히 집 막바지에 위치한 '말(馬) 무덤'에 이르면 그 무서움은 절정에 달했다. 간이 콩알만 해졌던 그때를 생각하면 지금도 가슴이 뛴다.

하지만 둘이나 셋이 동행한다면 외로움도 덜하고 공포감도 줄어든다. 그래서 인간의 가장 큰 두려움은 혼자 되는 것이 아닐까 생각한다. 깊은 산중에서 홀로 밤을 지새운다거나 아무도 없는 넓은 사막, 망망대해에 혼자 남겨진 상황은 상상만 해도 공포스럽다.

| 직접 판단하고 해결하고 책임지는 사람 |

사장이라고 외로움이 다르지 않다. 누구에게도 기댈 곳이 없다 보니 무게감 있게 느껴질 뿐이다. 부의 크기가 클수록, 권력이 강할수록, 조직이 클수록, 사회적 영향력이 클수록 외롭다. 나 또한 사업을 하면서 외로움으로 수없이 고민하고 홀로 울었다. 특히 어려운 상황에서는 더욱 그랬다. 친구, 가족이 없는 것도 아니고 소통할 동료가 없는 것도 아닌데 사장은 왜 외톨이가 되는 걸까? 개인적인 성격 때문일까? 조직의 구조적인 문제일까? 나에게만 주어진 특별한 상황 때문일까? 여러 가지로 해석할 수 있지만 세 가지로 정리해 봤다.

첫 번째는 워낙 일이 방대하고 복잡해서 상대방에게 설명하거나 의논할 엄두가 나지 않아 혼자 떠안는 경우다. 주로 중소기업 사장들이 많이 겪는 고충이다. 거의 모든 일을 혼자 처리하다 보니 상황 판단에 어려움이 생긴다. 본인이 가장 잘 알지만 일이 복잡할수록 한번 꼬이면 풀기가 어려워서 머리가 하얗게 된다.

이런 문제는 점차 조직이 커지고 임원이 늘어나면 해결된다. 소기업 사장일 경우 동종 업계의 동료 사장이나 주변인들에게 조언을 구할 수 있는 길이 어느 정도 열려 있다. 외부 전문가의 조언도 도움이 된다. 제삼자의 눈으로 본 객관적 판단이 효과적일 수 있기 때문이다. 결국 이때는 해결하려는 의지와 타인과 소통하려는 열린 마음만 있다면 어느 정도 해결이 가능하다. 다만 이 경우에도 기밀 사항이나 보안 문제가 마음에 걸리면 다른 방법을 찾아야 한다.

두 번째는 오직 CEO 자신만이 유일한 해결의 열쇠를 가졌을 때다. 업무적인 일이라기보다는 주로 정성적이고 정치적인 문제들이라 원인도 본인에게 있고 해결도 본인이 해야 하는 경우다. 이 경우는 제삼자가 개입하기도 어렵고 남에게 털어놓기 껄끄러운 부분도 있을 것이다. 따라서 CEO가 가장 외로움을 느끼고 힘들어하는 경우라고 할 수 있다. 이 세상 어느 누구도 위로가 되지 못한다. 그래서 일부는 견디지 못하고 극단적 선택을 하기도 한다.

세 번째는 아무도 가지 않은 길, 어떠한 통계도 경험도 들어 본 적 없는 길, 지도에 없는 길을 선택하는 경우다. 이때 본인의 업무 경험과 전문적인 식견이 가장 필요하고 많은 정보 수집과 대내외적인 의견을 주고받는 등

고도의 집중력이 필요하다. 그러나 사장 말고는 그 누구도 책임 있는 말을 하지 않고 결과에 대한 책임도 질 수 없다. 그래서 사장은 전문가들과의 회의나 자문 상담의 말미에 항상 이런 말을 듣는다.

"최종 결정은 사장님이 잘 판단하셔서 결정하십시오."

이때 리더의 외로움이 밀려온다. 뭔가를 결정할 권한이 있다는 건 외로움을 동반하는 일이다. 프로젝트가 클수록, 조직의 규모가 클수록 더욱 그렇다.

외로움,
어떻게
상대할 것인가

한국인 최초 메이저리거인 '코리안 특급' 박찬호가 프로 골퍼에 도전했다. 그는 2021년 4월 29일 한국프로골프협회(KPGA) 코리안투어 군산CC 오픈에서 17오버 파를 기록했다. 그날 박찬호 선수의 경기를 야구로 치면 같은 타자에게 만루 홈런을 두 방 맞은 것과 같았다. 야구라면 선수 보호 차원에서 선수를 교체했을 테지만 골프는 모든 것을 혼자 해결해야 했다.

골프 황제 타이거 우즈도 비슷한 고통을 겪었다. 2020년 마스터스 토너먼트 최종 라운드에서 그는 공을 물에 세 번이나 빠뜨리고 7오버 파를 쳤다. 그는 경기 후 "이 스포츠는 가끔 엄청나게 외롭다. 혼자 싸워야 한다. (난타당해도) 아무도 마운드에 올라와 나를 데려가지 않는다. 교체도 없다. 그게 이 게임이 독특하면서도 어려운 이유다"라고 말했다.

모든 것을 혼자 짊어져야 하는 사람은 외롭다. 사장은 조직의 최상위자이기에 동일한 위치에서 허심탄회하게 의견을 교환할 상대가 존재하지 않는다. 따라서 의사 결정의 기로에 선 사장은 항상 외롭다. 이것은 구조적으로 불가피한 것이며 당연한 일이다. 그리고 실패하는 과정에서 사장은 더욱 외로워진다. 그러므로 사장은 외로움이 나만의 특별한 괴로움이 아니라는 생각을 갖고 해결의 출발점에 서야 한다. 이 세상 모든 사장은 외롭다.

| 외로움은 한 발짝 떨어져서 살펴라 |

그렇다면 외로움을 해소할 현실적인 방법이 없을까? 첫 번째 방법은 먼저 친구의 생각을 들어 보는 것이다. 당신과 유사한 경험을 한 사람에게 고민을 털어놔라. 결정적인 도움을 얻지는 못하더라도 나와 비슷한 결정을 내렸던 사람과 이야기를 나누는 것만으로도 심리적인 안정을 찾게 된다. 이때 핵심은 되도록 많이 털어놓는 것이다. 마음에 쌓인 독소가 빠져나가면 무슨 수라도 생긴다.

두 번째 방법은 나의 고민을 마치 남의 일처럼 바라보는 것이다. 당신에게 외로운 한 친구가 있다고 생각해 보자. 지금 그가 얼마나 외로운지, 주변에 사람이 없어 외로운 건지, 스스로를 옥죄서 외로운 건지, 울타리를 도망쳐 나와서 외로운 건지 제삼자가 되어 바라보고 가늠해 보자.

마지막 방법은 머릿속의 생각을 글로 적어 보는 것이다. 일기든 메모든 수행 일지든 형식에 구애받지 말고 적어 보자. 처음에는 어렵겠지만 차츰 글의 앞뒤가 정리되면서 생각도 정리될 것이다. 내가 첫 책을 쓰게 된 계기도 그간 고통의 시간에 써 내려간 메모들을 정리한 것이다. 이 메모들이 쌓여 10년 뒤 한 권의 책으로 완성됐고 이렇게 생각을 글로 적다 보니 상황과 심리 상태가 분리되면서 뭔가를 결정할 때 논리와 객관성이 더해졌다.

| 혼자 판단해야 할수록 의연하라 |

어려울 때 그 상황을 어떻게 받아들이고 어떤 결정을 내리느냐에 따라 그 회사의 미래가 결정된다. 외롭다고 아무에게나 자문을 구하고 우왕좌왕한다면 그 미래에 당신은 없다. 이때 누군가는 밀려오는 스트레스를 견디지 못하고 과도한 음주로 스스로를 망가트리거나 극단적인 선택을 하기도 한다. 사장은 맹수와 같은 마음으로 조용히 외로움을 관조할 줄 알아야 한다. 외로운 마음을 함부로 다뤄서도 안 된다. 이런 외로움과 고독, 혼자 결정해야 한다는 공포심도 자주 맞이하다 보면 자연스러워지는 날이 온다. 시간이 흐르면 상황을 보는 통찰과 지혜가 생기고 맷집도 두터워진다. 그러니 고통을 직시하라. 결코 꽁무니 빼지 마라. 뒷모습을 보이지 마라.

지금 당신이 만나는 사람은 누구이며 그와 무슨 이야기를 나누고 있는가? 혼자 있을 때 주로 무슨 생각을 하는가? 사장이 회사를 투명하고 솔직하게 운영하는 것은 좋은 일이고, 이는 시대적 흐름이기도 하다. 하지만 무너지는 모습까지 솔직할 필요는 없다. 조직은 항상 보스라는 '우상'을 원한다. 우상은 '멋진 이미지'를 의미한다. 직원들은 자기의 우상이 무너지는 걸 원치 않는다. 사장의 멘탈이 무너져 패닉에 빠지면 직원들은 말없이 실망하거나 떠난다. 그러니 그들 머릿속에 자리 잡고 있는 '멋지고 견고한 보스'라는 우상을 깨지 마라. 조직을 유지하기 위해서는 때로 페이크(Fake)가 필요하다. 의연하라. 혼자일 때 외로움을 대하는 당신의 태도가 당신과 당신 회사의 내일을 결정한다.

내가
실패할 수밖에 없었던
세 가지 이유

내가 몰락한 이유는 크게 세 가지로 요약할 수 있다. 가장 큰 이유는 성장에 대한 쉼 없는 열정이었다. 창업 초기에 스타트업 사장에게 가장 중요한 덕목은 열정이다. 그러나 절제되지 않고 다듬어지지 않은 열정은 아이로니컬하게도 성공의 발목을 잡는다. 나는 그걸 인지하지 못했고, 한참 후 깨닫고 나서도 '그래도 나는 예외'라고 생각하며 멈추지 못했다. 한마디로 계속된 성공에서 온 오만이다.

존속이 성장보다 중요한 때가 온다

기업 경영은 자전거 페달 밟기와 같아서 쉼 없이 움직이고 성장해야 하는 '지속 성장'의 속성을 지닌다. 하지만 이런 움직임과 도전에는 항상 실패 확률이 따른다. 실패 확률은 누구에게나 공평하게 적용된다. 그러므로 사장은 과도한 욕망을 자제해야 한다. 때로는 쉼표도 넣고 리듬도 타는 유연성과 겸허한 자세가 필요하다. 열정을 누를 수 있는 절제와 실패 위험을 잘 관리하는 것이 '지속 경영'의 리더십이자 회사가 망하지 않고 계속 존재할 수 있는 유일한 방도다.

그렇지만 나는 '지속 경영'이 아니라 '지속 성장'을 경영의 모토로 삼았다. 성장을 위해 무리한 신규 사업을 계속할 수밖에 없는 구조에 갇혔고 거듭되는 실패로 많은 자금을 낭비했다. 경영자가 지나치게 단기 성장을 추구하면 어떻게 될까? 성장을 위한 외형과 규모에만 초점을 맞추는 것은 결과적으로 경영의 균형을 무너뜨리는 요인이 된다. 나는 사업 초기에는 성장에 중심을 둬야 하지만 성장 한계점에 도달하면 회사 존속에 힘을 쏟아야 한다는 점을 간과했다.

매출과 함께 사업을 보는 안목도 성장해야 한다

두 번째는 포트폴리오 실패다. 연 매출이 3억 원이던 회사가 갑자기 이듬해 30억 원, 다음 해 70억 원으로 매출이 급격하게 뛰면 가장 혼란스러운 것이 자금 운용이다. 은행에서 돈 빌리는 데만 익숙했던 내게 어느 날 은행 지점장이 찾아와 자금 유치를 부탁했다. 하루아침에 완벽한 을에서 완벽한 갑이 된 것이다. 그때부터 자금을 안배하고 투자하는 것이 고민거리가 됐다. 이렇게 이야기하면 사람들은 '그게 무슨 고민거리야?'라며 자랑으로 생각할 수 있지만 분명 고민거리는 맞다. 게다가 이런 고민은 남에게 드러내기도 애매하다 보니 엉뚱한 결과가 생기기 쉽다.

1997년 IMF 경제 위기의 국면에서 환율은 1,964.8원(1997. 12. 24. 기준), 은행 예금 이자율은 최고 27.15퍼센트(1997. 12. 30. 기준)로 최악의 국가 위기 상황이었다. 오랜 역사와 신용의 상징이었던 한일은행, 상업은행, 서울은행, 조흥은행, 제일은행, 동화은행 등이 인수 합병으로 사라지면서 당시 33개의 시중 은행 중 16개만 남을 정도였다.

그런데 나의 회사는 이런 위기 상황에 관계없이 초호황을 누렸다. 매일 감당하기 힘들 정도로 들어오는 돈을 분산 예치하고 투자 안배에 상당한 공을 들였지만 결과적으로 포트폴리오 구성에 실패했다. 당시 벤처 기업이 우후죽순처럼 생기고 있었는데 좋은 기업을 골라내는 안목과 전문성이 떨어져 무분별한 투자로 상당한 자금을 낭비한 것이다.

성공할수록 오래 지속해야겠다는 초심을 기억해야 한다

세 번째는 경이로운 성장을 거듭하면서 자연스럽게 찾아온 교만이다. 국가 부도의 시대 상황과 정반대로 나의 회사는 매출이 100퍼센트 이상 급신장하면서 돈을 어떻게 굴릴 것인가를 주로 고민하고 있었으니 얼마나 위세가 당당했겠는가. 2003년 1월 코스닥 상장 시에는 인쇄 회사, 판매 유통사의 자회사 두 곳을 포함해 880억 원 매출 규모로 성장했고 고등학교 학습지 시장의 40퍼센트 이상을 점유함으로써 업계를 완벽하게 주도하고 있었다.

주변의 칭찬과 '존경스럽다'는 칭송의 말들이 폭포수처럼 쏟아졌다. 이런 찬사를 아무렇지 않게 받아들일 정도로 도인, 군자 같은 사장은 아마 거의 없을 것이다. 사장도 그저 인간일 뿐 도를 갈고닦은 성인이 아니다. 나도 처음에는 겸손을 잃지 않으려 노력했지만 찬사가 거듭되다 보니 익숙해지고 말았다. 지금도 종종 컨설팅이나 자문을 하면서 매출, 성장세 좋은 주변 사장들의 오만한 모습을 보면 과거의 내 모습을 보는 것 같아 우려스러운 마음이 든다. 교만은 인기나 명예와 맞물리면 기업의 경영 방향을 엉뚱한 곳으로 인도한다. 망하지 않는 기업으로 오래 지속해야겠다는 서바이벌 리더십의 초심은 사라지고 무지개를 좇는 욕망덩어리로 변해 간다. 이것이 내가 망한 이유다.

아마존은
성공하기 위해
실패를 부추긴다

"빨리 실패하고 개선하는 것이 중요하다. 실패와 혁신은 쌍둥이다."

아마존 CEO 제프 베조스의 말이다. 아마존의 성공 뒤에는 수많은 실패가 있었다. 여행 숙박업, 소셜 커머스, 스마트 월렛 등이 실패했고 2015년에 야심차게 내놓은 스마트폰인 '파이어폰'도 실패했다. 2년을 공들여 자체 운영 체제까지 탑재했지만 1억 7,000만 달러의 손실을 입고 1년 만에 사업을 접었다. 하지만 아마존은 이 실패를 성장의 밑거름으로 삼았다. 파이어폰 개발팀은 AI 스피커 '알렉사'를 출시했고 북미 판매 1위를 차지하며 대성공을 거뒀다. 지금까지 아마존을 키운 것은 실패를 두려워하기보다는 '이를 발판 삼아 두 발 더 전진하자'며 독려하는 기업 문화 덕분일 것이다.

한편 "창업해 보고 망하면 다시 오라"라며 파격 조건을 내건 기업도 있다. 롯데칠성음료는 창업에 실패하더라도 5년 내 재입사 기회를 주는 파격 조건을 내걸고 사내 벤처 육성에 나섰다. 1년간 필요한 자금을 지원하고 독립된 외부 사무 공간과 정기적인 멘토링도 제공한다. 독립 법인으로 분사를 희망하면 경영 독립을 보장한다. 창의적인 아이디어를 발굴해 회사의 신 성장 동력으로 키워 가기 위해서다.

| 성공을 보장하는 실패와 무능한 실패 |

왜 기업들이 이렇게 나서서 경험을 독려하고 실패를 용인하는 걸까? 서울대학교 공과 대학 교수 26인 공저의 《축적의 시간》에 의하면 창의적 개념 설계의 역량은 반짝이는 아이디어가 아니라 반드시 오랜 기간 지속적으로 시행착오를 '축적'해야 얻어진다는 것을 강조한다. 새롭게 접하는 문제에 새로운 해법을 제시해 보고, 실패하고, 또 다시 시도하는 시행착오와 실패 경험을 쌓지 않고는 개념 설계 역량을 결코 손에 넣을 수 없다.

즉 개념 설계 역량이 부족하다는 것은 다양한 실패 경험을 축적하지 못했다는 뜻이다. 이 과정에서 시행착오가 필수적인 이유는 창의적 개념 설계에 필요한 지식이 교과서나 논문, 특허 등에 명시되지 않기 때문이다. 이는 직접 해 보지 않고서는 도저히 얻을 수 없는 영역이다.

서울대학교 이정동 교수의 《축적의 길》에 의하면 '개념 설계'는 존재하지 않던 무언가를 그려 내는 것, 즉 백지 위에 밑그림을 그리는 일이다. 상식을 뛰어넘는 제품을 생각하고 업의 개념을 재구성하는 일은 손익 구조의 사업을 넘어 하나의 문샷(Moonshot)이다. 문샷은 사전적으로는 우주선을 달에 보낸다는 뜻이지만 지금은 해답이 없어 보이는 문제에 도전한다는 혁신적인 도전의 의미로 쓰이고 있다. 새로운 일은 도전이고 도전은 실패 위험도 크다. 1등이 주로 하는 일이 바로 문샷 같은 도전적인 일이다. 이때 문샷의 실패는 성공의 발판이 되는 시행착오다.

글로벌 챔피언 기업들의 핵심 경쟁력은 바로 제품과 서비스에 새로운 개념을 제시하는 '개념 설계 역량'에서 나온다. 그리고 이 역량이 높은 수익으로 귀결된다. 2016년에 애플은 전 세계 스마트폰 시장에서 물량 점유율 14.5퍼센트를 기록했는데 영업 이익은 무려 전체의 79.2퍼센트를 차지했다. 이는 애플이 이동 통신 분야에 새로운 개념을 제시했기 때문에 가능한 일이다.

아마존이나 롯데칠성음료처럼 도전을 부추기는 문화와 제도도 필요하지만 한편으로 사장은 무수히 많은 사업의 검토와 실행 과정에서 '성실 실패'와 '무능 실패'를 구분할 수 있어야 한다. 능력이 충분히 발휘되고 최선을 다했음에도 실패하는 '성실 실패'가 있는가 하면, 무능하거나 최선을 다하지 못한 '무능 실패'도 있다. 사장은 실패 경험을 축적하는 동시에 이 두 가지를 구분하는 통찰을 기르고 냉철한 평가를 내릴 줄 알아야 한다.

실패를
보는 태도가
미래를 결정한다

세상은 보는 대로 보인다. 같은 수양버들을 보더라도 심신이 지쳐 있을 때 힘없이 늘어져 보이고 활기차고 열정이 가득할 땐 한없이 자유로워 보인다. 세상과 사물은 사람의 감정에 따라 180도 다르게 보일 수 있다.

"무슨 일이 딱 닥쳤을 때 그걸 통해 점프하려고 하지, 한 번도 안 될 거라고 생각한 적이 없어요."

곽혜숙 씨의 말이다. 그는 '팔 없는 화가'로 유명한 석창우 화백의 부인이다. 석 화백은 젊은 시절 전기 기사로 일하다 2만 볼트가 넘는 고압 전류에 감전돼 두 팔을 잃었다. 하지만 피나는 노력으로 '수묵 크로키'라는 영역을 개척한 미술계의 전설이 됐다. 2014년 소치 동계 패럴림픽과 2018년 평창 패럴림픽에서는 힘찬 크로키 퍼포먼스를 선보여 전 세계에 벅찬 감동을 선사한 바 있다. 그는 사고 당시 아내 곽혜숙 씨로부터 '별거 아니네. 내가 다른 거 다 알아서 할 테니까 빨리 낫기나 하세요'라는 말을 들었다. 이어 "손 있는 30년, 손 없는 30년을 살았는데 손이 있었을 때보다 없을 때가 더 행복했다"라고 말했다.

| 실패를 실패로 남기지 마라 |

실패를 바라보는 태도가 미래를 결정한다. 진짜 실패는 실패에 시선이 멈췄을 때다. 나에게도 몇 번의 실패와 시련이 있었다. 주식 투자로 마련한 아파트 두 채를 다시 주식 투자로 날렸고 3억 원의 빚까지 졌다. 코스닥 상장까지 한 사업은 상황이 어려워져 결국 회사와 개인 모두 회생과 파산 절차를 밟아야 했다. 10년 넘게 남모를 생활고와 어둠의 시간, 21개 회사와 31개 직업의 유랑이 있었다.

내가 만약 그때 주저앉았다면 나는 그냥 망한 '실패자'로 기록됐을 것이다. 그러나 나는 다시 일어섰기 때문에 '과거에 실패했던 사람'이 됐고 오히려 그때 겪었던 과거의 실패가 현재를 더욱 빛나게 만들었다.

결국 실패란 실패에 멈춰 섰을 때 규정되는 단어다. 실패에 머무르면 내 인생은 '실패한 인생'으로 규정된다. 그러니 실패를 받아들이는 태도를 바뛰야 한다. 실패를 최종 결과로 받아들이면 실패로 끝나지만 성공의 과정으로 받아들이면 과거의 것으로 기록된다.

지금 나에게 실패란 글 쓰고 강연하는 데 이용하는 하나의 재료이자 스토리텔링이며 성공의 일부다. 아무도 이 실패를 얕잡아 보거나 흠결로 생각하지 않는다. 오히려 다음과 같은 수많은 질문과 위로를 받는다.

"그런 밑바닥에서 어떻게 건디셨어요?"
"어떻게 극복하셨나요?"
"무척 힘드셨겠네요."
"재기의 비결이 뭐예요?"

그러면 나는 더 깊은 실패 경험을 기꺼이 들려준다. 사람들은 의외로 다른 사람들의 불행을 즐긴다. 극적인 스토리에 감정 이입하기를 즐기는 것 같다. 아이로니컬한 이야기 아닌가? 어쩌면 실패가 '성공 학교'의 필수 과목이라는 생각까지 든다. 실패는 그 자체로는 유죄 구속이지만, 그 뒤에 성공이 따르면 바로 무죄 방면이다.

사람들은 어차피 겪을 실패라면 "실패를 즐겨라", "역경을 즐겨라"라는 말들을 많이 한다. 실패를 받아들이는 가장 긍정적인 태도다. 그런데 이게 과연 가능한가? 현실적으로 가당찮은 말이다. 듣기 좋으라고 하는 위로의 말이거나 헛소리에 불과하다. 실패를 구경하는 자들만이 할 수 있는 말이다. 그때 누군가 내게 그런 말을 했다면 주먹이 날아갔을 것이다. 솔직히 고백하건대 나는 실패를 즐기지도 않았고 즐길 여유도 없었다.

이 세상에 실패를 즐기고 싶은 사람은 아무도 없을 것이다. 다만 지나고 나니 추억거리가 됐고 한번 웃어넘길 뿐이다. 누군가가 나에게 "어떻게 그런 힘든 시간을 견뎌 내셨나요?"라고 묻는다면 나는 이렇게 답할 것이다.

"그냥 하루하루 견디다 보니 그리 되었습니다."

고통은
넘기다 보면
돌아오지 않는다

실패의 좌절과 바닥을 치는 고통보다 더 나쁜 것이 '일이 술술 잘 풀리고 있는 것'이라고 말하는 이도 있다. 《두줄칼럼》의 저자 이동규 교수다. 그는 한 강연에서 "일이 잘 풀리고 있으면 신이 당신을 버렸다고 생각해라"라고 말했다. 사람들은 상황이 좋아서 잘되는 것을 실력이 좋아서 잘되는 것으로 착각하는 경우가 많다. 잘될 때는 실력과 무관하게 웬만하면 돈을 번다. 인생도 마찬가지다. 과도하게 잘 풀리는 건 좋은 게 아니다.

장애물이 있고 시련을 느끼고 있다는 것은 살아 있음을 증명하는 하나의 명백한 증거다. 그리고 실패, 좌절, 고생을 하나하나 극복하고 축적할 수 있어야 오히려 겸손을 배우고 다음에 어려운 상황을 만나도 의연하게 대처할 수 있다. 모든 시련은 당사자에게 가장 뜨겁고 심각한 고통이다. 하지만 제삼자가 보기에는 강 건너 불구경에 불과하다. 그래도 시련은 공통적으로 시간이 지나면 추억거리다. 그러니 시간이 좀 흐른 사람에게만 "역경을 즐겨라"라는 말을 던져라.

| 포기 직전에 승리를 거머쥐다 |

"매년 시드를 걱정하며 경기했는데 이제 2년간 시드 걱정을 덜어 정말 기쁩니다."

2021년 4월 9일 한국여자프로골프(KLPGA) 투어 교촌 허니 레이디스 오픈에서 우승한 곽보미 선수가 한 말이다. 프로 데뷔 11년 차, 정규 투어 86번째 대회 만에 거둔 첫 우승이다. 나이 서른이 주는 부담감과 무관의 설움이 겹쳐 그는 "올해까지만 해 보고 접자고 마음먹었다"라고 한다. 포기 직전의 승리다.

가수 브레이브걸스 역시 데뷔 10년간 이렇다 할 히트곡을 내지 못해 포기한 상태였다. 반복되는 실패에 멤버들은 바리스타 자격증을 따고, 취업을 준비했다. 그런데 포기를 선언하기 하루 앞두고 기적이 일어났다. 4년 전 군부대 공연들을 편집한 영상 중 브레이브걸스의 〈롤린(Rollin')〉 무대 영상이 유튜브에서 갑자기 역주행하며 주목받게 된 것이다.

곽보미 선수와 가수 브레이브걸스는 닮은 점이 많다. 이들은 끊임없이 연습하고, 무대를 찾고, 좋은 작업 결과를 선보이며 내공을 쌓은 덕분에 행운을 기회로 만들었다. 실패에서 벗어나려면 반항해야 한다. 실패에 순응해 아무것도 하지 않는다면 아무 변화도 생기지 않는다. 행운을 기대해야지 요행을 기대해서는 안 된다. 요행은 노력 없이 얻는 불로 소득이지만 행운은 노력이 전제돼야 가질 수 있는 근로 소득이다. 요행은 나도 모르게 갑자기 와서 갑자기 사라지지만 행운은 내 손길이 닿는 곳에 나타나 나에게 머문다. 오리 배를 타고 가만히 있으면 바람이 부는 대로 흘러가지만 페달을 밟고 방향을 틀면 내가 원하는 장소로 갈 수 있는 것처럼 행운을 기회로 잡아야 한다.

실패는 탁구 게임의 공과 같다. 꾸준히 넘기다 보면 언젠가는 넘어오지 않는다. 상대방이 실수를 하든, 내가 강력한 스매싱을 날리든, 공을 넘기다 보면 돌아오지 않는 때가 분명 생긴다. 그때가 실패에서 벗어나는 변곡점이다. 그러므로 실패를 벗어나기 위해서는 꾸준히 움직이면서 기다려야 한다. 목표를 갖고 한 발짝 한 발짝 앞으로 나아가라. 그러면 실패는 저만치 뒤처질 것이고 추억으로 남게 될 것이다. 곽보미 선수의 우승과 브레이브 걸스의 역주행은 그래서 더욱 돋보인다.

넘어지는
순간에도
경영하라

《이문열 삼국지》에 철수의 명장면이 나온다. 유비가 죽고 제갈공명이 네 번째 출정 길에 올랐을 때다. 사마의의 계략에 넘어간 후주 유선이 제갈공명을 불렀다. 명에 따라 할 수 없이 군대를 물리게 된 제갈공명은 기지를 발휘한다. 철수하면서 다섯 길로 군대를 나눠 위험을 분산했고, 매일 솥과 아궁이 수를 늘리는 방법으로 적의 판단력을 흐리게 만들었다. 덕분에 병력 손실 없이 무사히 퇴각할 수 있었다.

이를 전쟁 대신 사업에 적용해도 개념은 같다. 망해 가는 기업의 구조 조정 혹은 사업의 철수 상황에서도 이 같은 지혜와 철수의 우선순위 전략이 그대로 적용될 수 있다.

| 정리의 전략 |

　사업은 언제든지 망할 가능성을 갖고 있다. 사장은 내키지 않을 테지만 이런 최악의 상황에 대비한 비상 시나리오를 생각해 둬야 한다. 비교적 상황이 덜 심각한 구조 조정이나 일부 부서의 철수도 마찬가지다. 시간을 가지고 침착하게 대비하는 것이 좋다. '망하는 데 무슨 시간적인 여유가 있겠냐,' '망하는 전략이 왜 필요하겠냐고 반문할지도 모르겠지만 나의 실패 경험을 비춰 보면 분명 망하는 데에는 시간도, 전략도 있어야 했다. 급하게 철수를 맞이하다 보니 당황스럽고 감정이 앞서는 바람에 이성적으로 사업을 정리하지 못했던 경험이 지금도 내내 아쉬움으로 남아 있다.

　"추억거리 되는 물건은 맨 마지막에 정리하라."

　《인생을 바꾸는 정리 기술》을 쓴 수납 전문가 윤정훈 작가의 말이다. 정리에는 우선순위가 있는데 옛 추억이 담긴 앨범, 액자 등은 맨 나중에 정리하는 것이다. 옛 물건들을 마주하게 되면 추억에 잠기거나 과거에 집착해 냉정하게 버리지 못하고 일이 지연될 수도 있다.

　회사 정리도 마찬가지다. 물건을 정리할 때도 감정이 실리면 쉽게 버릴 수 없듯이 구조 조정이나 비용 절감을 위한 조치를 취할 때도 감정이 앞서면 일을 망친다. 가장 중요한 것이 처리의 우선순위다. 무엇을 버리고 무엇을 챙길 것인가? 무엇을 우선할 것인가? 다음으로는 사장을 비롯한 직원, 투자자, 가족 등 인적 중심으로 이야기하겠다.

| 사업을 정리해도 사람은 꼭 챙겨라 |

최우선으로 챙겨야 하는 것은 역시 직원과 투자자다. 직원들의 생계를 걱정하고 회사 존재의 근간인 투자자의 손실을 생각하는 마음이다. 직원들에게는 체당금이나 실업 급여 등을 챙겨 주고 투자자들에게는 폐업의 이유를 설명하는 소통이 필요하다. 이때 길길이 날뛰거나 불만을 가득 표현하는 등 예민해진 그들을 설득하기란 그리 녹록한 일이 아니다. 이것은 배가 침몰할 때 끝까지 남아 배와 운명을 같이하거나, 모두가 탈출하고 맨 마지막에 배를 빠져나오는 선장처럼 비장함과 냉정함이 있어야 가능하다.

실전에서는 무척 괴롭고 실행하기도 어려운 선택이 될 수도 있다. 나눠 줄 돈이 금고에 준비된 것도 아니고 쫓기는 마당에 그런 마음의 여유가 과연 가당키나 할까? 그러나 강조하고 싶은 것은 단순히 이론적, 도덕적 측면이 아니다. 추후 재기를 염두에 두고 장차 주변의 도움을 받기 위해서라도 사람은 꼭 챙겨야 한다. 사업을 딱 한 번 하고 말 것이 아니기 때문이다. 이 사업은 망했지만 다른 사업으로 미래에 또 만날 사람들이다. 그래서 그들과 관계를 정리할 때도 소통과 설득이 필요하다. 이런 시나리오는 평소에 생각해 두지 않으면 갑자기 닥쳤을 때 쉽게 실행할 수 없다. 훈련과 내공이 필요하다.

고난이 찾아오면
무엇을 챙기고
무엇을 버릴 것인가?

회사가 망하면 직원들은 다른 직장을 찾아 취업하면 그만이지만 사장은 해야 할 일이 많다. 밀린 세금, 건물 임대료, 공공 기관 체납금, 채무자 무마, 미수금, 미납금 등을 처리해야 하기 때문이다. 망해 본 내 기억을 되살려 보면 아이러니컬하게도 사업이 흥할 때보다 망할 때 해야 할 일이 더 많았다. 게다가 회사가 망하면 회사 일 외에 개인적으로도 처리할 일들이 많다. 개인적인 생계가 어려워지는 것은 물론이고 회사 일만큼이나 복잡하고 구차한 일들이 벌어지는데, 그 중압감이 어마어마하다. 이 모두 신나지 않고 부글부글 끓는 일들뿐이다.

사장이 망하면 그 현실은 가혹하다. 그중 하나는 세금이다. 회생과 파산 절차를 거치는 과정에서 은행, 금융 기관의 채무 등은 탕감해 주지만 세금은 탕감 대상이 아니기 때문이다.

| 사업이 망해도 세금은 내야 한다 |

세금을 체납하면 법정 납부 기한을 경과한 달에 3퍼센트의 가산금이 부과된다. 세금 체납액이 100만 원 이상인 경우 하루에 0.025퍼센트, 한 달이면 월 0.75퍼센트의 추가 가산금이 부과된다. 따라서 초기 체납 가산금 3퍼센트를 제외하고도 매년 9.125퍼센트의 가산금이 붙는다. 현행 시중 금리가 2퍼센트 대인 걸 고려하면 지나치게 높은 금리다. 그동안 성실하게 세금을 납부했다고 해도 사업이 망해 납부가 지체되면 일거에 불성실 납세자로 전락하는 것이다.

또한 건강 보험료는 회사가 망해도 전년도 기준으로 부과되기 때문에 갑작스러운 경영난은 경황이 없는 사이에 폭탄 같은 고지서들을 떠안게 한다. 국가는 폭망하는 기업인에게 냉정하다는 점을 잘 기억해야 한다.

건물 등이 강제 경매되는 경우도 비슷하다. 해당 건에 대한 양도세가 바로 원천 징수 되는 것이 아니라 사후 별건으로 2년쯤 뒤에 고지되는 바람에 간신히 정신 차리고 재기하려는 차에 고지서가 통보되기도 한다. 이런 것들이 사업자의 재기 의욕 상실과 실패 고통을 가중시키고 있다. 직장인이 직장을 옮기거나 퇴직하면 한 달도 채 안 돼 자격 득실 변경 조치가 이뤄지는 국민 건강 보험과는 대조적인 늑장이다.

| 끝까지 손실을 줄여라 |

사장은 보통 한 가정의 가장이다. 사장의 가족도 가장 한 사람만 바라보고 있는데 회사가 망하면 가족까지 당장 생계를 위협받는다. 그래서 한국에서 사업에 실패하면 본인은 물론이고 가족까지 힘들어진다. 게다가 근로자는 직장을 그만두면 실업 급여, 재취업 알선 등 여러 가지 제도적 장치가 마련돼 있지만 사장은 망하면 최소 생계를 위한 별도의 조치가 없다. 망해 보지 않은 사람은 이런 어려움을 체감하지 못한다. 그러니 사장은 절대 망하면 안 된다.

운이 좋아 이런 불행을 겪지 않는 사장도 있지만 사업을 하다 보면 결국 많은 사업자가 실패에 이를 수 있는 게 현실이다. 한번 망하는 파도에 휩쓸리면 그 흐름을 바꾸기가 쉽지 않다. 대개는 망연자실하며 우선순위를 정할 생각도 없이 모든 것을 포기한다. 또는 허둥대는 바람에 실리를 놓치고 만다. 그러나 기억하라. 망하지 않는 것이 최선이지만 어쩔 수 없이 망하는 길에 들어섰다면 차분히 일을 처리하는 것 또한 사장의 몫이다. 무엇을 챙기고 무엇부터 버릴 것인가? 망하는 와중에도 경영이 필요하다. 손실을 줄이는 실리 전략을 미리 세워 둬라.

스스로
돕는 사람이
도움을 받는다

우리는 흔히 실패나 어려움에 처하면 좌절하거나 기가 죽는다. 의욕도 떨어지고 불필요하게 남을 의식하고 평소에 없던 열등감도 유난히 민감하게 드러낸다. 동창회도 나가기 싫고 전화도 받기 싫어진다. 경조사도 잘 참석하지 않는다. 친구들과 어울려 술 마시는 것조차 피하게 된다. 점차 외톨이가 돼 가는 것이다. 이런 좌절감에서 벗어나는 좋은 방법은 '생수'가 되는 것이다. 사람의 몸은 70퍼센트가 물로 구성돼 있다. 그러니 사람은 물의 속성을 닮았다 해도 비약이 아니다. 물은 흘러야 맑고 깨끗한 상태를 유지할 수 있다. 한마디로 삶은 고이지 않는 생수여야 한다.

실패나 좌절의 시간이 길어지면 고인 물의 상태가 된다. 이때 끊임없이 자신을 흔들어 깨워야 한다. 소주병을 흔들고 맥주 거품을 내서 산소를 만드는 것처럼 생기를 불러일으키는 것이다.

| 지혜로운 사람은 힘든 티를 내지 않는다 |

우리는 어떤 친구가 왕성하게 활동하거나 생기 있게 움직일 때 흔히 "살아 있네!"라는 말을 한다. 상황이 어렵다고 전화를 안 받거나 동창 모임을 거르는 일이 잦아지면 관계의 맥도 끊어지고 신뢰도 약해진다. 그러므로 내가 흐르는 생수임을 끊임없이 주변에 알려야 한다. 어려울 때일수록 더욱 그렇다.

"망했다고 들었는데 그게 아닌가 보네."
"저 친구 아직 살아 있네."

이런 말이 들려와야 한다. 그래야 주저하던 투자자의 주머니에서 돈이 나올 것이고 주변에서 사업 제의도 들어온다. 내 상황이 어렵다고 해서 늘 어두운 표정을 짓고, 회피하고, 찌질하게 다니면 더 도움받을 수 없다. 오히려 사람들이 당신을 피하고 멀리할 것이다.

사람은 스스로 돕는 자를 돕는다. 그래서 지혜로운 사람은 역발상을 한다. 별일이 없어도 셔츠를 깔끔하게 다려 입고 구두도 광내서 다닌다. 설령 당신의 회사가 어렵고 망하기 일보 직전이라는 소문이 돌아도 깔끔한 모습을 보여 준다면 사람들은 당신을 달리 볼 것이다. 어려운 상황에도 평정심을 유지하려는 태도는 상대에게 '침착하게 잘하고 있군'이라는 평가를 얻어 냄으로써 '내가 뭘 도와주면 도움이 될까'라는 자발적 협조를 이끌어 내는 효과가 있다. 사람은 스스로 돕는 자를 도와주려는 경향이 있다.

| 힘들수록 즐거운 일을 가까이 하라 |

통상 상대방이 어려운 걸 알게 되면 '돈이라도 빌려 달라고 하지 않을까?', '술값, 밥값도 내가 내야 하지 않을까?' 하는 부담을 안고 만난다. 사소한 문제 같지만 이런 부담스러운 만남은 다음 만남으로 이어지기가 어려우니 관계가 오래가지도 못한다. 당당하고 평소와 다름없는 태도는 이런 염려를 해소해 준다. 물론 스스로에게도 도움이 된다. 사장의 평정심과 단단한 태도는 내부 직원들에게도 일이 잘 해결될 거라는 희망을 갖게 한다.

그렇다면 어떻게 생수임을 나타낼 것인가? 생수 상태를 유지하는 실천적 비법이 하나 있다. 바로 '유쾌함'이다. 우리는 흔히 사람들 간의 만남, 관계, 우정의 핵심을 믿음, 신뢰라고 생각한다. 하지만 심리학자들의 이야기를 빌리면 그보다 더 우선인 것이 '유쾌함'이다. 사람들은 자기에게 즐거움을 주는 사람과 만나기를 원한다는 것이다.

아마도 '신뢰'라는 단어에 '진지함'이라는 다소 무거운 요소가 포함돼 있어 그럴 것이다. 진지함도 좋지만 요즘처럼 매사가 힘든 일상에서는 재미있고 즐거운 것이 더 우선이다. 나부터도 그렇다. 인생 자체도 힘든 판에 진지함으로 주변과 일상을 도배할 필요가 있을까? 믿을 수 있는 사람은 가끔, 필요할 때 필요하다. 그러므로 평소에 만나면 잘 웃고, 잘 웃게 만드는 유쾌함이 다른 사람에게 호감을 주는 비결이다.

2장

내 사업,
내 사람을
지켜야 한다

| 흔들림 없는 내진 설계 |

초불확실성 시대, 가늠할 수 없는 미래에 우리가 갈 길은 어디인가. 어떻게 대응하느냐에 따라 우리의 미래는 달라진다. 기업은 이런 불확실성을 잘 견딜 수 있도록 설계돼야 한다. 건물이 지진에 견디는 내진 설계가 있듯이 기업도 불확실성을 버텨 낼 대응 구조가 필요하다. 흔들림 없는 튼튼한 내진 설계다.

성공과
실패에도
패턴이 있다

　적극적으로 살다 보면 실패는 필연적으로 생긴다. 고로 실패한 경험이 있다면 그는 적극적인 사람이라는 이야기다. 그런데 왜 계속 실패를 하는 걸까? 사람들이 실패를 반복하는 이유는 '실패 패턴'에 빠졌기 때문이다. 사람들은 누구나 자기도 모르는 패턴을 갖고 산다. 바로 성공 패턴과 실패 패턴이다. 성공하는 사람이 계속 성공을 이어 가고 실패하는 사람이 실패를 반복하는 것도 바로 패턴 때문이다.

　"부자는 망해도 삼대 간다"라는 말도 패턴의 결과다. 《부자 아빠 가난한 아빠》에서 저자 로버트 기요사키는 부자들이 따르는 돈의 규칙과 부자가 아닌 사람들이 따르는 돈의 규칙이 따로 있다고 했다. 가난한 아버지는 "돈을 좋아하는 것은 모든 악의 근원이다"라고 말하지만 부자 아버지는 "돈이 부족한 것은 모든 악의 근원이다"라고 말한다. 이는 가난의 패턴을 따를 것인가 부자의 패턴을 따를 것인가를 묻고 있다.

| 현실에 안주할 것인가 꿈을 이룰 것인가 |

성공을 이어 가던 사람도 가끔 실패를 경험하곤 한다. 그러나 성공 패턴에 몸을 실은 자는 금세 성공을 되찾는다. 마찬가지로 실패를 거듭하던 사람도 가끔 성공한다. 하지만 곧바로 실패 패턴으로 되돌아가 불행을 이어가는 경향이 있다.

우리는 가끔 동일한 사건, 사고가 같은 장소에서 혹은 같은 사람에게 반복되는 신기한 현상을 본다. 모든 일은 어떤 관계나 조건에 의해 일어난다. 따라서 같은 일이 반복되는 이유는 그런 환경이 조성됐기 때문이다. 이런 사례는 실생활에서도 종종 볼 수 있다.

지인 중에 유난히 교통사고가 잦은 후배가 있다. 32살 때는 오토바이 사고가 났고 37살 때는 회사 공장의 지붕에서 떨어져 큰 사고를 당했다. 그 뒤에도 자잘한 사고를 몇 번 겪다가 최근에는 트럭과 충돌 사고가 크게 나서 입원한 적이 있다. 보통은 평생 한 번도 일어나지 않는 큰 사고를 네 번 이상 치른 것이다. 그는 태권도 유단자로 평소 건강이나 신체에 대한 자신감이 지나치게 가득 차 있었다. 이런 지나친 자신감이 과감한 행동과 부주의함으로 이어져 사고를 반복해서 겪은 것이다.

성공에 안주가 있듯이 실패에도 안주가 있다. 사람들은 당연히 모두가 실패에서 탈출하고 싶을 것이라고 생각하지만 바닥에 너무 늘어져 있으면 그 상황에 안주하기를 희망하는 경우도 생긴다. 1974년에 개봉한 영화 〈빠삐용〉에서 '빠삐용'은 수차례의 탈옥 시도 끝에 자유를 찾아 떠나지만 '드가'는 섬에 남아 닭과 돼지를 키우면서 탈출의 기회를 포기하는 장면이 나온다. 상황이 익숙해지자 그 자리에 안주한 것이다.

성공에 안주하는 것도 패턴, 실패에 좌절하고 포기하고 주저앉는 것도 패턴이다. 패턴은 한번 열차에 올라타면 아무런 노력 없이 이동하는 것과 같다. 일단 열차에 타면 차창 밖을 구경하며 어디서 내릴 것인지만 생각하면 된다. 고작 열차라는 작은 패턴에 편승했을 뿐인데 힘 안 들이고 원하는 결과를 얻는다. 인생의 성공과 실패도 이와 같다. 어느 쪽이든 올라타기만 하면 그다음은 별 힘을 가하지 않아도 목적지까지 쭉 나아간다. 단순하지만 결과의 차이는 엄청나다. 가령 인천 공항에서 비행기를 타지 않은 사람은 계속 인천에 머무르지만 비행기를 탄 사람은 가고 싶은 나라에 도착하게 되는 것이다.

일정 수준 이상의 성공과 바닥에서는 '현실에 안주하려는 구심력'과 '꿈을 이루려는 원심력' 간의 갈등이 생긴다. 구심력에서 벗어나려면 패턴을 파괴할 용기가 필요하다. 성공이든 몰락이든 그 패턴에 한번 들어서면 빠져나오기 힘들다. 결국 실패도 성공도 습관이다.

지금 당신과 당신의 회사는 어떤 패턴 위에 올라타 있는가? 가능하다면 실패 레일보다 성공 레일에 몸을 실어라. 둘 다 하중을 견디고 추진하는 힘은 거의 같다. 그러니 같은 값이면 다홍치마를 택하라.

| 변화하지 않으면 추락한다 |

인간은 살기 위해서 변화를 추구한다. 주어진 환경이 좋으면 굳이 변화를 추구하지 않아도 되지만 열악한 환경에서는 치열한 변화를 추구해야 산다. 작든 크든 환경은 늘 변하고 우리는 그 변화에 적응해야 살아갈 수 있는 존재다. 그래서 잘 변화할 수 있어야 살아남는다. 잘못 변화하면 추락한다. 이에 대해 단색화의 대가인 90세 화가 박서보 화백은 이렇게 말했다.

"우리는 끊임없이 변화를 모색해야 한다. 변화는 한순간에 오지 않는다. 나 자신을 차갑게 바라보는 사고의 확장 없이는 불가능하다. 그런데 잘못 변화해도 추락한다. 자기 것으로 완전히 소화하지 못한 변화는 오히려 작가의 생명을 단축한다. 그걸 경계하라."

작은 성공에서 큰 성공으로 가려고 변화를 꾀하다가 실패할 수도 있다. 실패의 늪에서 빠져나오고자 고민 끝에 선택한 판단이 더 깊은 수렁으로 떨어지는 실수로 이어지는 경우도 있다. 어느 쪽이든 변화는 패턴의 굴레에서 빠져나오기 위한 과정이다. 그런 의미에서 박서보 화백의 말은 주목할 만하다.

회사의
비전과 영혼을
드러내라

우리는 종종 "당신은 누구인가?"라는 질문을 주고받는다. 그러면 이름, 직업, 취미, 기호, 철학 등의 소개로 이어진다. 스스로를 잘 아는 사람일수록 망설임 없이 이야기할 것이다. 특히 사업 경륜이 있고 살아온 세월이 길수록 그럴 것이다.

그렇다면 회사에도 똑같은 질문을 해 보자. "회사, 당신은 누구인가?" 회사도 사람처럼 법으로 주어진 권리와 의무의 주체다. 따라서 당연히 존재 이유와 주체의 본질이 있다. 이를테면 무엇으로 이익 추구를 할 것인지, 어떤 가치를 추구할 것인지, 이해 관계자들은 누구인지, 그들과 어떤 가치를 주고받을 것인지, 가치의 우선순위는 무엇인지 등을 묻고 있는 것이다. 회사에서 말하는 경영 이념, 방침, 비전, 목표, 사훈 등을 이런 질문들로 정리할 수 있을 것이다.

물론 철학적이고 추상적인 개념이라 어휘 선택에 어려움이 있을 수도 있지만 평소에 생각을 정리해 둘 필요가 있다. 특히 업의 정체성을 정의할 때는 어휘 선택에 공을 들이는 것이 좋다. 내가 창업했고 내가 경영하는 회사의 본질을 분명히 알아야 그다음 스텝으로 넘어가 여러 가지 전략을 도출할 수 있다. 그래야 투자자도 설득하고, 직원들의 사기도 북돋울 수 있다. 막연히 '매출을 올리자', '수익을 내자' 따위의 목표로는 사람이 모이지 않는다. 비전이나 영혼이 드러나지 않기 때문이다.

| 내 회사의 철학 정도는 직접 만든다 |

"머리가 좋은 사람과 장사에 재능이 있는 사람은 너무 많다. 그러나 성공한 사람들에게 공통점이 있다면 높은 뜻을 갖고 있다는 것이다. 그것은 어느 시대나 똑같다. 뜻이 없으면 목숨을 걸고 함께 깃발을 들겠다는 동지들이 모여들지 않는다."

소프트뱅크 손정의 사장이 니혼게이자이신문 인터뷰에서 한 말이다. 언어는 생각의 출구다. 언어를 통해 사장의 좋은 의도를 밖으로 끄집어내야 한다. 사장의 생각이 아무리 훌륭해도 입 밖으로 나와 간판에 걸려 있지 않으면 지나가는 사람들이 알 수 없다.

흔히 사장들은 '회사의 본질'을 정의하는 일을 중요하게 생각하지 않는다. 이를 문서 작업, 형식적인 작업 정도로 생각하는 경향이 있어 직원들이 대충 알아서 정리하도록 두기도 한다. 하지만 이 일만큼은 온전히 사장의 몫이다. 다른 사람은 다 몰라도 사장은 회사의 본질을 명확히 설명할 수 있어야 한다. 회사의 존재 이유, 경영의 목적을 분명히 정의 내려야 한다.

지금 당장 눈을 감고 외발 서기를 해 보라. 아마 넘어지지 않고 1분을 버티기가 힘들 것이다. 그다음 눈을 뜨고 해 보라. 확연한 차이가 느껴지는가? 그만큼 바라보는 시선이 중요하다. 회사에서 시선은 '목적'이다. 경영을 설계하기 전 가장 먼저 해야 할 일은 회사의 본질을 정의하는 것이다.

다시 한번 묻는다. 회사, 당신은 누구인가?

대지진에도
살아남은
호텔의 비밀

　초불확실성의 시대다. 1977년에 출간된 존 갤브레이스의《불확실성의 시대》에 이어 지난 2017년, 베리 아이켄그린 교수가 선언한 '초불확실성 시대(Age of Hyper-Uncertainty)'가 현실로 다가왔다. 가늠할 수 없는 미래에 우리가 갈 길은 어디인가. 앞으로 어떻게 대응하느냐에 따라 우리의 미래는 달라진다. 기업 경영은 이런 불확실성을 잘 견딜 수 있도록 만들어야 한다. 건물이 지진에 견디는 내진 설계가 있듯이 불확실성을 견딜 대응 구조가 회사에도 필요하다.

　1923년 9월 1일 관동 대지진 당시 폐허로 변한 도쿄에서 임페리얼 호텔만이 무너지지 않고 원형을 유지했다. 이 호텔이 엄청난 대지진을 견딜 수 있었던 것은 지진을 염두에 두고 내진 설계를 한 덕분이다. 또한 이 호텔은 설계 당시 3미터 아래에 젤리처럼 유동적인 진흙층이 18미터 정도 자리 잡은 점을 파악해 호텔을 배처럼 짓도록 했다. 이 치밀한 설계의 주인공인 프랭크 로이드 라이트는 근대 3대 건축가로, 그가 설계한 건물들은 구겐하임 미술관을 포함해 8곳이 세계 문화유산으로 등재되기도 했다.

사업에서도 건축의 내진 설계 개념을 적용할 수 있다. 불확실성 시대의 경영도 유연성을 확보해서 내진 설계의 골격을 짜야 한다. 크게 세 가지가 중요하다. 첫째, 가장 먼저 고려돼야 할 사항은 '고정비'를 줄이는 것이다. 단순히 줄이는 것뿐만 아니라 고정비를 변동비로 전환하라. 최근 급부상하는 구독 경제, 긱 이코노미, 플랫폼, 아웃 소싱 등을 활용해서 유연성을 확보하는 방식이다. 둘째, 위에서 아래까지 소통을 간소화해 경영의 스피드를 높인다. 이는 외부 충격에 빠르게 대응하기 위해서다. 셋째, 리스크와 성장을 고려해서 매출이 안정적인 포트폴리오를 구성한다.

| 두발자전거보다 세발자전거가 안전하다 |

'지속 가능 경영'이라는 슬로건에 알맞은 기업 모델이 있다. 바로 LG생활건강이다. LG생활건강이 2001년에 LG화학에서 분리된 직후의 연 매출은 1조 2,000억 원, 영업 이익은 1,000억 원이었다. 그런데 매출이 하향세로 꺾이면서 2004년 말에 차석용 부회장이 전격적으로 투입됐고, 2004년에 매출 1조 원, 영업 이익 600억 원에서 2018년 매출 6조 7,475억 원, 영업 이익은

1조 393억 원에 달하는 회사로 탈바꿈했다. 같은 기간에 시가 총액도 40배가 뛰었다. 놀라운 성과다. 기업의 지속 성장은 결코 쉬운 일이 아니다. 어느 정도 성장했다가 하락세를 보인 후 다시 올라가는 회사들은 많지만 이처럼 매년 최대 실적을 경신하며 꾸준히 성장해 온 회사는 동서양을 막론하고 찾아보기 힘들다.

LG생활건강의 주력 상품은 생활용품과 화장품이다. 그런데 이는 더 이상 성장이 어렵다. 차석용 부회장은 생활용품과 화장품 사업을 '두발자전거'로 생각했다. 두 발로는 사업이 위태롭다는 판단이 서자 여기에서 그는 음료 사업을 추가해 '세발자전거'로써 매출의 안정을 도모했다. 이것이 바로 그의 내진 설계다.

생활용품은 다른 상품보다 계절을 덜 타고 비교적 안정적인 매출이 발생한다. 화장품은 겨울보다 여름이 비수기다. 반면 음료는 여름에 많이 팔리고 겨울이 비수기다. 기존 생활용품과 화장품 사업에 음료 사업을 얹자 전체 사업의 계절 지수가 고르게 돼 위험을 줄일 수 있다. 마치 우산 장수와 짚신 장수처럼 조화롭게 회사 매출의 많은 문제를 해결할 수 있는 것이다. 그는 업의 본질에 따라 포트폴리오를 재구성하는 방식으로 내진 설계에 성공했다.

성공하는 조직에는 반드시 문화가 있다

성공하는 조직은 무엇이 다른가? 실리콘밸리의 살아 있는 신화, 가장 철학적인 혁신가로 불리는 벤 호로위츠는 저서 《최강의 조직》에서 탁월한 성과를 이뤄 낸 역사적인 롤 모델을 예로 들며 조직 성공의 비밀을 밝혔다. 문화적 다원주의를 바탕으로 몽골 제국을 건설한 '칭기즈 칸', 역사상 유일하게 성공한 노예 혁명을 이끈 아이티 건국의 아버지 '투생 루베르튀르', 700년간 일본 사회의 정체성을 지배했던 '무사도', 갱단 두목 출신의 사회운동가 '샤카 상고르'다. 악조건 속에서 그들이 독보적이고 단단한 문화를 설계하고 위대한 조직을 이끈 비결의 핵심은 바로 지속 가능한 조직 문화다. 여기서 말하는 문화란 '아무도 보는 눈이 없을 때 직원들이 행동하는 방식'을 말한다. 한두 번의 결정이 아니라 장기간에 걸쳐 축적된 행동들이 모여 저절로 만들어지는 행동 방식이다. 사장이 굳이 말하지 않아도 직원들이 알아서 하는 분위기를 말한다.

그가 말하는 기업 문화 설계의 지침이 다 옳다고도 할 수 없으며 일괄 적용하기도 곤란하다. 조직의 특성에 따라 선택적으로 적용해야 할 것이다. 세상에 완벽한 조직 문화는 없다. 지금보다 더 나은 조직으로 가기 위한 리더의 노력이 바로 이상적인 조직 문화의 시작이다.

| 사장 자신에게 잘 맞는 문화부터 만들어라 |

벤 호로위츠가 문화 설계에서 제일 먼저 강조한 것이 있다. 바로 CEO 자신에게 충실한 문화를 설계하는 것이다. 문화는 반드시 리더의 개인적인 성향과 전략에 부합해야 한다. 사장 자신의 진짜 모습과 그 정체성을 조직 문화와 연결해야 한다. 실질적인 행동과 회사 문화가 다르면 목표를 달성하기 힘들다. 사장 본인의 평소 주장과 회사에서 보이는 습관이나 행동이 맞아떨어져야 언행을 일치시키기 쉽다.

컨설팅을 위해 회사를 방문하다 보면 이름뿐인 사훈이 아무렇게나 걸려 있는 경우가 많다. 심지어는 바로 옆에 쓰여 있어도 "회사 경영 이념이 뭐지요?"라고 물으면 대답 못 하는 임원도 허다하다. 왜일까? 그 임원에게 사훈이 중요하지 않기 때문이다. 사장에게 설명을 들어 본 적도 없다. 아예 사훈이나 경영 이념이 없는 경우도 있다. 왜 없냐고 물으면 "그게 왜 필요합니까?"라고 되묻는다. 경영 이념 없이도 잘하고 있고, 머릿속에 있는 것만으로 충분하다고 생각하기 때문이다. 이것이 지금 수많은 사장들이 기업 문화를 바라보는 태도다.

그러나 잘 알고 있어도 표현이 잘 안 되는 경우도 있고, 실제로 정체성을 확보하지 못하는 경우도 있다. 아무도 사훈의 뜻을 모르고 심지어 사장조차 모른다면 이는 한낱 장식품에 불과하다. 회사에 대한 사장의 의지와 생각을 함축하는 '한마디'를 담을 그릇이 꼭 필요하다. 이것이 기업 문화 설계의 출발점이다.

저절로 굴러가는
조직을
만드는 법

결론적으로 완벽한 문화는 없다. 또 훌륭한 문화가 반드시 위대한 회사를 만들어 주지도 않는다. 아무리 문화가 훌륭해도 뛰어난 제품 없이는 실패한다. 하지만 훌륭한 문화는 직원들을 하나로 묶어 주는 강력한 접착제 역할이 될 수 있다. 그리고 매일 소소한 결정을 내릴 때마다 길잡이가 되고 이런 결정들이 쌓여 목적의식으로 자리 잡는다.

기업 문화의 시작은 사장에게 달려 있다. 사장이 무엇이 가장 중요하고 가치 있는지를 결정하면 그다음은 직원들이 그 덕목을 실천하도록 돕는다. 그리고 시간이 흐르면서 문화가 모호해지거나 효과가 부진하다면 과감히 바꾸고 보완할 줄도 알아야 한다.

| 훌륭한 기업 문화 설계를 위한 아홉 가지 조언 |

기업 문화 설계의 목표는 지금보다 더 나아지는 데 있다. 그러므로 위대한 가치를 실현하겠다는 사명을 벽에 걸어 놓기만 하고 모범을 보이지 않거나 실천하지 않으면 이는 종잇조각에 불과하다.

누구에게든 회사의 첫인상을 잘 남겨라

신입 직원이 출근하면 첫인상을 잘 남겨야 한다. 출근 첫날은 누구나 오랫동안 기억에 남고 깊은 인상을 받는다. 다른 어떤 날보다 출근 첫날의 오리엔테이션에서 가장 많이 배운다. 그러니 뜻하지 않은 첫인상을 주지 않도록 주의해야 한다. 동물의 세계도 마찬가지다. 알을 깨고 나온 오리가 첫눈에 본 암탉을 어미로 생각하고 살아가듯이 조직 문화에 대한 첫인상도 이와 다르지 않다. 페이스북 설립자 마크 저커버그는 직원이 1만 명이 넘지만 아직도 신입사원을 개인적으로 환영하는 자리를 마련한다고 한다. 짧지만 첫인상과 자신의 비전을 공유하려는 노력이다.

복장으로도 문화를 보여 줄 수 있다

복장은 조직 전체의 행동을 견인하는 중요하면서도 보이지 않는 강력한 힘이다. 다양한 직군과 분야를 아우르는 큰 조직이나 개인적인 역량을 주로 발휘하는 창조적 업무에서는 좀 더 신중하고 다양한 선택지로 접근할 필요가 있다. 전 직원이 유니폼을 입으면 조직의 통일성과 단합에 큰 힘을 발휘할 수 있지만 한편으로 창조성을 막는 효과도 존재한다. 어떤 식이든 복장의 통일은 조직을 단시간에 하나로 묶고 문화를 선명하게 하는 효과가 있다. 그런 이유로 온 세상이 자유를 표방하고 있음에도 아직까지 일부 회사들이 유니폼을 고집하고 있다.

단순하고 파격적인 규칙을 세워라

"우리에게 이것이 왜 필요합니까?"라고 되묻게 되는 충격적인 규칙을 제시하라. 혁신을 꾀하거나 새로운 문화를 도입할 때 어설프게 건드리면 이도 저도 되지 않는다. 그래서 충격 요법이 필요하다. 이때 규칙은 단순명료해야 기억하기 쉽다. 투생 루베르튀르는 '결혼한 장교는 후처를 두면 안 된다'는 당시로써 파격적인 규칙을 세웠다. 강간과 약탈이 자연스러운 일로 자리 잡은 상황에서 병사들의 반발이 있었지만 자신부터 실천하며 모범을 보였다. 규칙이 복잡하거나 장황하면 사람들은 기억하지 못한다. 혹은 아예 기억하려 들지 않는다. 반면 파격과 단순함은 가장 확실하게 기억과 연결한다.

가끔은 외부 용병을 활용하라

당신이 바라는 문화가 현재 문화와 너무 다르다면 외부의 도움을 받을 필요가 있다. 본인도 제대로 알지 못하면서 억지로 끌고 가려 애쓰지 말고 차라리 그 문화에서 잔뼈가 굵은 베테랑을 데려오는 게 낫다. 역사학자 아놀드 토인비가 즐겨 말한 메기 효과다. 강력한 모델로 전체 분위기를 바꾸는 것이다.

백 마디 말보다 직접 행동을 보여라

말보다 행동이 더 확실하게 의미를 전달한다. 머리에 각인하고 싶은 메시지가 있다면 백 마디 말보다 행동으로 보여 준다. 일벌백계로 본보기를 보여 주는 것이다. 손자병법의 손무가 후궁들을 참수한 것이나 제갈공명이 눈물을 머금고 마속을 벤 것처럼 때로는 가혹하게, 그리고 극적이어야 한다. 사장도 예외가 될 수 없다. 스스로 실천하지 못할 덕목은 아예 선택하지 말아야 한다. 자신은 마음대로 행동하면서 '내 말을 따르라'는 식의 태도로는 절대 성공할 수 없다. 가령 근검절약을 사내 문화의 최우선 원칙으로 세웠으나 정작 사장 본인은 술값과 식사비를 흥청망청 쓰고 다닌다면 직원들이 이 문화를 과연 얼마나 수긍하고 따를까?

규칙의 우선순위를 명확히 하라

회사에는 여러 상황이 존재한다. 가령 매출은 많은데 이익이 적은 경우, 이익은 많은데 윤리적인 문제가 있는 경우에는 어떤 선택을 해야 할까? 경영을 하다 보면 이런저런 사안이 복잡하게 얽혀 판단이 어려운 경우가 있을 것이다. 그래서 자세하게 우선순위를 정하고 규칙을 제시할 필요가 있다. 매출, 이익, 윤리, 관계, 미래 등 어떤 것을 우선으로 삼을지 분명히 정한다. 리더들이 범하는 가장 치명적인 실수 중 하나는 큰 원칙 하나만 세우면 다른 규칙들은 직원들이 알아서 잘 지킬 것이라는 안일한 긍정이다.

부서마다 다른 문화를 적용하라

가령 기술 부문과 영업 부문의 문화를 다르게 형성해야 한다. 기술자들에게는 낮이든 밤이든 원할 때면 언제라도 작업에 집중할 수 있는 편안한 환경을 조성해 주는 것이 중요하다. 그래서 기술 부문의 문화는 늦은 출근, 편안한 복장, 야근, 밤샘 근무 등의 특징이 있다. 반면 영업 조직은 경쟁적이고 저돌적이다. 수수료, 판매 경진 대회, 판매왕 등을 비롯한 상금 지향적인 문화를 형성한다. 영업의 문화는 과정이 중요하지 않으며 오직 결과로만 말한다. 이렇듯 모든 부서에 동일한 문화를 적용해서는 안 된다. 특정 기능만 우선하거나 하나의 문화를 일괄 적용하게 되면 일부 기능이 약화될 수 있다.

직원은 능력 기반으로 채용하라

어떤 사람을 채용하는가에 따라 조직 문화가 다르게 구축된다. 최근 많이 적용되는 직무 능력 표준(NCS)처럼 '무엇을 할 수 있는지'를 묻고 직원을 채용해야 한다. 자기소개서와 면접은 지원자가 마음만 먹으면 거짓으로 꾸며 내기가 그리 어렵지 않다. 그러므로 지원자가 과거에 어떤 일을 수행했고, 지금 무엇을 할 수 있는지를 중심적으로 살펴본다면 실질적인 능력을 알 수 있다. 디자인이나 프로그래밍 업종에서는 과제를 주고 해결하는 방식으로 채용을 진행하는 기업도 많다. 간단한 능력은 면접 중 직접 테스트해 볼 수도 있다.

편향의 오류에 조심하라

문화는 동전의 양면과도 같다. 강점으로 작용하던 것이 어느 순간부터는 약점이 될 수도 있다. 성공 요인이 그다음에는 실패 요인으로 작용하기도 한다. 예컨대 '안 되면 되게 하라'는 군대 구호가 있다. 이것은 강인한 군인 정신을 대변하는 멋진 구호다. 그러나 이는 어디까지나 군대라는 특수한 조직에서만 통용되는 행동 양식이다. 자칫 일반 사회에서는 폭력적으로 받아들여질 수도 있다. 제대 후 사회생활에서도 그런 정신을 계속 이어 간다면 생존 적응 측면에서는 탁월하겠지만 자칫 성과에만 몰입해 도덕성의 함정에 빠질 위험이 있다.

그 결과 무게 중심은 모든 과정을 전부 결과에 묻어 버리게 된다. 기업은 구성원들의 일상적인 작은 행동들로 이뤄진 유기체이다. 따라서 이 사소한 행동들이 쌓여 기업의 문화를 형성한다. 하지만 특정 기업이 성공한 근원적인 이유가 정말 회사의 문화 때문인지 다른 요인 때문인지를 명확히 규명하기는 쉽지 않다. 결과 편향의 함정이다.

사회적으로 크게 성공했음에도 형편없거나 보잘것없는 기업 문화를 가진 기업들이 많은 이유도 그 때문이다. 특히 팬데믹 상황으로 기업 손익의 부침이 극심할 때 히트 상품 하나로 부실한 문화적 환경을 일거에 묻어 버리기도 한다. 하지만 성장에 걸맞은 문화 시스템 개편이 제때 이뤄지지 않으면 그 기업은 결코 오래가지 못한다. 또한 관찰자 입장에서 성공이라는 결과만 보고 기업 문화를 추론하면 생존자 편향의 오류에 빠질 수 있다. 즉 나쁜 기업 문화를 성공 요인으로 착각하고 방치할 수 있다.

리더가
요구해야 할
보고의 본질

    최근 현대백화점은 사내 보고 문화 개선을 위해 2만여 개의 실물 결재판을 폐기하기로 했다. 대신 온라인과 모바일로 간편 보고 시스템을 마련하고 기존에 쓰던 양식 대신 6줄 정도로 핵심만 적어 보고한다. 최근 늘어난 MZ세대 직원들의 아이디어를 적극 적용하기 위해 사내 소통 방식을 변화시켜 나가는 과정에서 결정된 조치다.

    보고는 사람으로 치면 혈액 순환과도 같다. 보고받는 사장뿐만 아니라 보고하는 직원 모두에게 중요한 소통 수단이다. 회사의 흥망성쇠는 결국 이 보고라는 혈액 순환으로 결정된다. 혈액의 흐름이 좋으면 생기가 있지만 흐름이 나쁘면 동맥 경화나 고혈압으로 이어져 결국 사망에 이른다. 이런 의미에서 현대백화점의 사례는 막힌 혈관을 과감하게 뚫어 보자는 획기적인 조치로 주목할 만하다. 보고의 본질은 '핵심 정리', '스피드', '유연성'이다. 사장은 이 세 가지 보고의 메커니즘을 확실히 이해하고 있어야 조직의 소통을 전향적으로 리드할 수 있다.

| 누락과 생략을 구분하라 |

보고의 첫 번째 본질은 핵심 정리다. 대표 이사가 됐을 때 나의 책상에는 각종 보고서가 넘쳐났다. 팀장이 50여 명 되다 보니 취향과 성격에 따라 보고서의 형식도 간략하게 쓰는 사람, PPT로 하는 사람, 한 장으로 정리하는 사람, 길게 쓰는 사람 등 각양각색이었다. 게다가 사업이 한창 번창하고 있다 보니 회사 업무 외에도 투자를 요청하는 청탁성 외부 사업까지 들여다 봐야 했다.

그때 나는 그들에게 특별한 양식이나 규정된 틀을 요구하지 않았다. 당시 우리 회사는 신생 회사였고 여러 회사에서 모인 전문가 집단이었기에 각자의 스타일을 존중할 수밖에 없었다. 하지만 그들의 브리핑 후 내가 요구하는 것은 늘 한결같았다.

"알겠는데, 요점이 뭡니까?"

핵심 정리의 요체는 생략이다. 군더더기를 과감히 버리고 중요한 것만 남긴다. 개조식으로 간략하면서도 상식적인 어휘와 문장으로 작성한다. 분량은 1~3쪽 이내로 하되 분량이 많거나 전문적 내용의 기획은 요약본과 상세 자료로 나눠 구성한다. 이때 인터넷 화면, 복사 자료 등 부대 자료는 원본 데이터를 그대로 쓴다. 자료를 다듬는 시간을 과감히 생략하고 속도를 내는 것이다.

골프나 테니스 등을 처음 배울 때 코치는 단순 동작을 수없이 반복시킨다. 그러다가 한 동작이 익숙해지면 다음 동작을 익히게 한다. 단계별 학습이 끝나면 최종적으로 전체 동작을 연결한다. 이때 그동안 배운 동작 중 많은 부분이 생략된다. 실제로 프로 선수들의 스윙은 간결하고 자연스럽고 유연하지만 알고 보면 그 단순함 속에 많은 것이 생략돼 있다.

기획의 생략도 이와 같아야 한다. 1,000쪽이나 되는 방대한 보고서도 단 1쪽으로 요약할 수 있어야 하고, 그걸 펼치면 다시 1,000쪽이 돼야 한다. 상대에 따라, 상황에 따라, 타이밍에 따라 생략도 가능하고 확장도 가능해야 한다. 그러므로 보고가 간단할수록 보고자의 전문성과 디테일은 깊어야 한다. 그래서 아마추어 기획자의 간단 기획은 '누락'이지만, 프로 전문 기획자의 간단 기획은 '생략'이 되는 것이다. 프로 보고자의 생략에는 보이지 않지만 엄청난 디테일이 숨어 있다. 사장은 이런 전문성을 직원들에게 끊임없이 요구해야 한다.

| 빠르고 유연한 일 처리가 형식보다 중요하다 |

보고의 두 번째 본질은 스피드다. 아무리 핵심 정리가 잘 돼도 더 중요한 것이 속도다. 속도를 위해서라면 극단적으로 보고서가 다소 어설퍼도, 꼭 서류 형식이 아니어도 상관없다.

지금으로부터 약 800년 전 몽골 대제국을 건설한 칭기즈 칸은 정복지가 늘어날 때마다 파발마로 정보를 전달했다. 약 40킬로미터마다 역을 만들고 그 사이를 말들이 달리게 한 '역참제'다. 수천 개의 역이 점점이 흩어져 있기 때문에 전달 경로는 가장 빠른 길을 찾아 변경될 수 있었다. 재미있는 것은 최종 수신자가 이동 중일 때 그 속도, 방향, 경로에 따라 전달 경로가 바뀐다는 점이다. 그 스피드 덕분에 칭기즈 칸은 역사상 가장 넓은 땅을 확보했다.

경영에서 스피드가 강조되다 보면 아무래도 보고서의 형식이나 내용이 사장의 마음에 들지 않을 수 있다. 그러나 참아야 한다. 내용에 집중하라. 그렇지 않으면 표지 한 장을 멋있게 만들기 위해 반나절을 허비하는 어이없는 일이 발생한다. 뭐가 더 중요한지를 생각하라.

보고의 세 번째 본질은 유연성이다. 앞서 핵심 정리와 스피드를 강조했지만 모든 조직에 일률적으로 적용할 수는 없다. 나는 그동안 5명 정도의 작은 조직부터 2,000명 규모의 큰 조직까지 운영해 본 경험이 있어 상황별로 보고 방식을 달리해야 한다는 걸 몸소 체험했다. 지금부터 기업의 성장 사이클에 따라 기획하고 보고하는 방법을 소개한다.

사업 초기에는 속도가 최우선이다

사업 초기에는 형식보다 속도가 중요하다. 이때는 아이디어나 메모 수준의 기획서로 빠르고 간단하게 소통해야 한다. 사업을 처음 해 보니 얼마나 신중하고 머리에 구상할 게 많겠는가? 그러니 익숙하지도 않은 문서 작성에 매달려 귀한 시간을 소비할 필요 없다. 투자 유치처럼 꼭 필요한 경우가 발생하면 전문가에게 위임하고 요점만 설명하면 될 일이다. 사업 초기는 형식보다 내용과 행동이 더 중요한 시기다.

성장기에는 내용과 속도의 선택적 스윙이 필요하다

사업의 성장기에 접어들어 기획 보고서가 많아지고 다양해질 때의 운용법이다. 각 사안에 따라 담당자에게 내용에 방점을 둘 것인지, 속도를 강조할 것인지를 사전에 판단해서 유연하게 '스윙'하는 것이다. 때로는 자료를 중시하고 때로는 스피드를 우선하는 선택적 스윙으로 완급 조절을 한다.

안정기에는 선(先)보고 후(後)디테일

기업이 어느 정도 성장해서 안정기에 접어들면 통상 기획 전문가 집단이 내부에 형성된다. 조직은 시간이 흐르면 점차 형식에 치우쳐 관료화될 가능성이 있다. 고로 이때는 보고서 없이 메모나 구두로 선(先)보고를 하고 내외부 전문가 집단이 이를 보완하거나 구체화하며 후(後)디테일을 잡는다. 공격적 프로젝트에도 유용하다. 일단 내놓은 다음 개선해 나가는 과감한 시도다. 이때도 목적은 스피드다.

불확실하고 급변하는 미래 시장에서 짜여진 틀은 더 이상 성공 방정식이 될 수 없다. 과거는 과거일 뿐이다. 아마존 CEO 제프 베조스는 "주어진 시간 안에 최대한 많은 시도를 할 수 있도록 조직을 운영해야 한다"라고 했다. 새로운 아이디어는 처음부터 완벽할 수 없다. 실패와 시행착오를 통해 성공 경험을 축적해 가야 한다. 너무 완벽한 기획으로 시작하려고 하다 보면 시간만 흐른다. 결론은 또 반복하지만 속도다. 그러니 직원들에게 속도를 요구하라.

사장은
크고 작은 갈등을 푸는
최고 책임자다

평범한 사람이라면 분노를 표출해도 개인적인 감정으로 그칠 수 있다. 하지만 사장은 다르다. 사장이 분노를 잘 다스리지 못하면 자칫 조직의 중요한 의사 결정에 부정적인 영향을 미칠 수 있다. 짜증과 분노가 주로 우발적인 감정이라면, 갈등은 감정과 논리가 뒤섞여 일어나는 현상이며 분노 없이도 있을 수 있다. 갈등(葛藤)은 칡(葛)과 등나무(藤)의 합성어다. 이 두 식물은 각자 감아 올라가는 방향이 서로 반대다. 그래서 칡과 등나무가 한번 엉키면 도저히 풀 수 없는 갈등(葛藤)이 된다.

사람의 갈등도 서로의 생각과 감정이 달라서 생긴다. 두 사람 이상이 모이면 반드시 이익이 충돌한다. 회사에서도 수평 갈등, 상하 갈등, 부서 간의 충돌이 존재한다. 갈등을 원하는 사람은 없지만 갈등을 피할 수 있는 사람도 없다. 갈등은 좋고 나쁨의 문제가 아니라 '다름의 충돌'이다. 따라서 누구에게나, 어디에서나 일어난다.

| 갈등을 해결하는 네 가지 기술 |

문제는 갈등을 어떻게 다룰 것인가이다. 그런데 사람들은 통상 갈등이 생기면 마주하기보다는 피하려 든다. 사장도 직원도 피하고 싶은 마음은 똑같다. 이런 조직의 갈등은 어떻게 조정하고 풀어 가야 할까?

위험을 스스로 감수할 만한 보상을 제시한다

사람들은 스스로 선택한 위험은 '안전'으로 받아들이는 경향이 있다. 예컨대 번지 점프, 패러글라이딩, 암벽 등반 등의 스포츠는 위험이 높다는 것을 알면서도 개의치 않고 즐긴다. 반면 강요된 선택이라면 그보다 훨씬 위험도가 낮아도 반발하는 경향이 있다. 그러므로 격지 근무, 처음 시도하는 분야의 업무를 지시해야 한다면 여러 가지 좋은 조건이나 인센티브를 걸어 스스로 선택하도록 해야 한다.

자기 결정권을 보장해 준다

MZ세대들은 자유분방하고 간섭을 싫어하며 자의식이 강하다. 젊은 직원이 있다면 최대한 간섭을 줄이고 자기 결정권을 보장하는 것이 좋다. 그러면 직장 스트레스도 줄어들고 창의성과 자발적 노력을 유도하는 데 효과적이다. 성과나 실적이 우려되는 점은 있으나 중간 점검, 직무 평가, 상벌 제도 등 정밀한 성과 관리 시스템을 활용하면 어느 정도 해결될 수 있다. 업무를 지시할 때는 청유형이나 질문형이 좋다. "~하세요" 대신 "~해 주시 겠어요?" 하는 식이다. 듣는 이에게 심리적 거부감을 줄일 수 있다.

관심을 갖고 정체성을 인정하는 대화를 한다

직업, 신념, 종교, 민족, 고향, 성향, 라이프 스타일 등 그 사람을 이루는 중요한 부분을 이해하고 소통에 임한다. 무역업을 하는 S 사장은 외국 거래처와 만나 상담할 때 그 회사나 제품은 물론이고 그 나라의 역사와 문화까지 미리 공부해 간다. 그래서 식사할 때나 상담 전에 관심을 보이면서 대화를 나누면 훨씬 부드럽고 호의적인 분위기에서 상담이 진행된다. 같은 맥락으로 직원들 개개인의 형편, 취미 생활, 좋아하는 음료 등을 미리 알고 대화에 임하면 상대와의 거리를 좁힐 수 있다.

칭찬의 말로 인정해 준다

"지혜 씨, 당신이 정말 자랑스럽습니다!", "저번 프로젝트를 유심히 봤는데 정말 잘하셨던데요. 존경스럽습니다", "그걸 해내시다니 대단하십니다" 등 진심 어린 말로 상대방의 공을 치켜세워 주는 것이 인정의 출발이다. 특히 직원은 사장에게 그런 칭찬을 들을 때 더욱 신이 난다. 사람은 남에게 인정을 받으면 더 발전하려는 욕구가 생긴다.

소통은 갈등을 사전에 예방하고 해소하려는 노력의 일환이다. 이때 사장은 이 모든 크고 작은 갈등을 풀어 가야 하는 최고 책임자다. 사후 해결은 물론 사전 예방까지 설계해야 하는 사람이다. 따라서 직원들의 심리 상태를 파악하고, 서로의 감정을 중재해야 한다. 때로는 제도나 권위의 강제로, 때로는 인간적인 대화로 완급을 조절하면서 갈등을 풀어 가는 것이다.

사장은
살아남을 때
신뢰를 얻는다

소통은 신뢰를 기반으로 시작한다. 조직 결속의 핵심은 서로를 향한 관심과 사랑, 즉 신뢰다. 사랑과 관심이 옅어지면 상대방을 도구로 생각할 가능성이 높아진다. 서로를 이용하려는 마음만 남기 때문이다.

사장과 직원의 관계도 신뢰가 중요하다. 직원이 회사를 사랑하는 마음이 없으면 회사를 오직 전략과 수단의 대상으로만 바라본다. 사장 또한 직원을 배려하고 사랑하는 마음이 없다면 직원을 자기의 목표 달성을 위한 수단으로만 바라본다.

시카고대학교 교수 마사 누스바움이 연구한 '대상화(Objectification)'를 주목할 필요가 있다. 대상화란 사람을 사물처럼 대하는 것을 말한다. 그가 말하는 '사람을 사물로 대하는 일곱 가지 방식'에는 목적 달성을 위한 도구처럼 대하는 '도구성', 다른 대상과 교환 가능한 것처럼 대하는 '대체 가능성'이 포함돼 있다. 사람 대 사람으로 존중받지 못하고 누군가의 도구나 수단 취급을 받는 것은 불쾌한 일이다. 하지만 사회에서는 이런 일이 비일비재하다.

| 신뢰할수록 불필요한 말이 줄어든다 |

일반적으로 자주 소통할수록 신뢰나 믿음이 증가하는 것으로 알려져 있다. 그러나 이 또한 어느 정도 기본적인 신뢰가 쌓여 있을 경우에나 그렇다. 기본적인 신뢰가 없으면 의사소통이 무의미하다.

의사소통의 양은 상호 신뢰 수준과 반비례한다. 내가 상대방을 완전히 믿으면 상대가 무슨 행동을 하든 나에게 어떤 설명도 필요하지 않기 때문이다. 상대가 하는 모든 일이 내게 가장 이롭다는 사실을 아는 까닭이다. '척하면 척'이라는 말이 바로 그런 경우다. 당연히 업무 처리 속도도 빠르고 소통에 들이는 시간과 노력도 불필요하다. 물론 자칫 맹종이나 부정부패의 수단으로 빠질 소지도 있다.

반대의 경우를 보자. 상대방을 전혀 신뢰하지 않으면 아무리 많은 대화, 소통, 심지어 합리적인 설명도 '소 귀에 경 읽기'다. 어차피 상대방이 진실을 말하지도 않을 테고 내게 좋게 행동할 거라고 믿지 않기 때문이다.

신뢰는 소통의 핵심이다. 회사에서 직원들이 사장을 근본적으로 신뢰하면 그렇지 않은 경우보다 훨씬 의사소통이 효율적으로 이뤄진다. 기본적인 신뢰가 소통의 질과 가치를 좌우한다.

| 비록 벼랑 끝일지라도 악착같이 살아남아라 |

경영에서의 신뢰는 일반 개인 간의 신뢰와는 의미가 다르다. 개인의 관계에서는 과정도 중요한 의미가 있다. 하지만 경영에서는 결과적으로 실패로 끝이 나면 신뢰도 함께 사라진다. 실패한 이유는 '예측을 못해서', '실력이 없어서', '운이 없어서' 등 여러 가지가 있을 수 있지만 그런 건 변명에 불과하다. 거래처나 직원들에게는 그들의 생계가 달린 문제로 오직 결과물이나 보상이 중요할 뿐 사장의 숨은 노력이나 과정은 보이지 않는다.

과장처럼 들릴 수도 있지만 현실이 그렇다. 예를 들어 사장인 당신이 직원들에게 두 달 동안 급여를 주지 못했다면 이유를 불문하고 비난의 대상이 된다. 나아가 고용 노동부에 신고를 당하면 한쪽은 고발자, 한쪽은 피의자로 전락하며 더 이상의 신뢰는 기대할 수 없다. 그래서 사장이 받는 신뢰는 그의 경영 실적에 의해 좌지우지될 수밖에 없는 것이다.

《실리콘밸리의 폐기경영》의 저자 조영덕 박사는 경영에서 신뢰의 의미를 "상대에게 상처를 입히지 않는 것", "조직원들을 놀라게 하지 않는 것"으로 규정했다. 수금이 잘되지 않아 급여를 주지 못해서 상처를 입히는 것, 실적 악화로 폐업하게 되어 직원들을 놀라게 하는 행동이 신뢰를 깨뜨린다. 결과가 이렇다면 성실함은 별 의미가 없다. 사장에게는 실질적 경영 능력이 곧 신뢰다.

그러므로 사장은 아무리 어려움에 처하더라도, 비록 벼랑 끝일지라도 악착같이 살아남아야 한다. 회사에서는 생존에 관한 신뢰가 모든 소통의 전제이자 기반이다.

왕과 대통령이
현장의 소리를
듣는 이유

회사가 성장하고 사장의 권력이 커질수록 정보가 차단되거나 왜곡되는 경우가 생긴다. 눈먼 사장이 되는 것이다. 왕은 궁궐에 갇히고 대통령은 청와대에 갇히며 사장은 사장실에 갇힌다. 그러다 보면 현장감이 떨어져 왜곡된 정보로 결국 판단력이 흐려진다.

현장 감각은 사업 운영의 핵심이다. 그래서 왕은 신분을 감추고 암행을 했고 대통령은 재래시장을 방문하며 민심의 동향을 살핀다. 정보 격차와 왜곡을 줄이고자 노력하는 것이다.

회사의 규모가 어느 정도 커지면 사장이 실무자와 직접 대면할 수 있는 물리적 소통에 한계가 생긴다. 소위 '현장감이 떨어진다'고 한다. 그래서 어떤 사장들은 종종 현장을 둘러보고 직원과 직접 대화하며 고충을 듣는 등 현장 감각을 유지하려 애쓴다.

| 사장의 현장 감각이 엉터리 보고를 막는다 |

영국에서 방영하는 〈언더커버 보스〉는 회사의 사장이 본인 회사의 일용직 직원으로 위장 취업해서 진행되는 몰래카메라 형식의 리얼리티 프로그램이다. 사장은 현장 직원과 함께 일하면서 그 불만이나 고충을 직접 느끼고 나중에 자신의 정체를 밝혀 고충을 해결해 준다. 사장실에서 서류로 보고받은 것과 실제로 현장 직원들이 겪는 현실 사이의 괴리를 파악하려는 취지가 담겼다. 특히 현장이 멀리 떨어져 있거나 조직의 규모가 커서 현장을 직접 살필 수 없을 때 효과적이고 임원들의 엉터리 보고를 예방할 수 있는 효과도 있다.

피라미드의 최상단에 있는 외톨이 사장들이 겪는 고충 중 하나는 임원들의 정보 왜곡이다. 위계질서에 익숙한 간부들은 사장이 좋아하는 보고만 하게 되고 사실대로 보고하기를 주저한다. 사장이 듣기 거북할 의견이나 보고가 얼마나 위험한지 본능적으로 잘 알고 있기 때문이다. 절대 왕권 시대의 신하들은 솔직한 보고를 하려면 목숨을 걸어야 했고, 현대의 직원들은 자칫 자리가 위험할 수 있다. 사장의 권위가 높아질수록 직원들이 자기를 보호하려는 현상이다. 예컨대 가부장적인 아빠가 권위만 앞세울 때 가족 중 그 누구도 직접 이야기해 주지 않고 소통을 차단해 외톨이 아빠가 되는 것과 비슷하다.

| 눈먼 사장이 되지 않는 방법 |

사장이 현장을 방문하는 것 외에 정확한 정보를 얻고 실상을 제대로 파악하는 방법에는 무엇이 있을까? 눈먼 사장이 되지 않으려면 세 가지를 기억하자.

첫째, 회의나 대화 자리에서 사장의 권위를 잠시 내려놓는다. 자신과 반대 의견을 내는 직원에게 감정적으로 대응하지 않는 것이다. 술자리를 빌려 대화의 장을 가질 때도 자칫 감정이 개입돼 역효과가 날 수 있는 위험에 주의하자.

둘째, 누가 무슨 말을 하든 발언 자체로 문제 삼지 않는 자유로운 분위기를 지향한다. 회의와 토론 자리에서 말하는 '사람'이 아니라 말의 '내용'에 집중하는 것이다.

셋째, 현장의 소리를 직접 접수하고 소통한다. 미국의 버락 오바마 전 대통령은 국민이 쓴 편지를 읽고 직접 답장했다. 바이든 현 대통령은 직접 국민과 만남의 장을 갖기도 했다. 청나라의 5대 황제 옹정제는 지방관들에게 주접이라는 편지 형식의 보고서를 요구했는데, 여기에 작황과 물가, 민심 동향까지 시시콜콜한 것들을 있는 그대로 보고하도록 했다. 그 과정에서 아부를 위한 허위 보고도 있었지만 특별한 처벌은 없었다. 그러자 자금성에서는 백성의 생활을 그대로 알리는 주접이 쇄도했다고 한다. 큰 나라의 대통령도, 왕도 현장의 목소리를 이렇게 중하게 여긴다.

이 세 가지 방법을 모두 실천하기 쉽지 않지만, 이를 주도적으로 실천하고 모범을 보이는 사장만이 성공할 수 있다.

나쁜 소식은
24시간 내에
전달돼야 한다

　사업은 장애물을 끝없이 넘어가는 허들 경기 같은 것이다. 산 넘어 산, 허들 넘어 또 허들이다. 개중에는 넘어가기 어려운 허들도 있다. 넘긴 했는데 시간이 지나고 넘어지는 경우도 있다. 회사 일이 그렇다. 크고 작은 사건 사고는 항상 있고, 과거의 잘못이 몇 년 후에 드러날 수도 있다. 혹은 그동안 이어져 온 관행이 현재 규정에 맞지 않다는 것이 뒤늦게 밝혀진 경우도 있다. 사소한 업무 실수나 큰 영향이 없는 사고라면 별문제가 없지만 주로 실무자 선에서 어떻게든 수습해 보려고 시간을 지체하다 보면 문제가 커진다. 보통 담당자는 자기 선에서 최대한 빨리 수습해서 없던 일처럼 조용히 넘어가려는 경향이 있기 때문이다.

　사업이 커지면 꼭 뭔가 잘못된 일이 생기거나 돌발적으로 나쁜 소식이

튀어나온다. 나쁜 소식은 즉각 보고돼야 한다. 최소한 24시간을 넘기지 않는 게 좋다. 하지만 현장에서는 그게 잘 지켜지지 않는다. 야간 업무 시간에 발생했거나 담당자가 부재중이라 보고가 늦어지는 사례도 있고, 늦은 시간 상사에게 전화하는 것을 망설이기 때문일 수도 있다. 이런 일은 주로 폐쇄적이거나 권위적인 조직에서 많이 일어난다. 하지만 분명한 것은 나쁜 소식이 늦게 전달될수록 더 악화되고 왜곡된다는 것이다.

| 뻔한 이야기도 편하게 나눌 수 있는 분위기 |

문제를 빠르게 발견할 수 있는 조기 경보 문화를 구축하려면 어떻게 하는 게 좋을까? 흔히 회사 경영에서는 "문제점을 지적하려면 해결책도 같이 가져오라"라는 식의 암묵적인 규칙에 익숙하다. 책임지지 못할 일이라면 괜히 긁어 부스럼 만들지 말라는 식의 문화다. 특히 사장이 임원, 팀장들에게 이런 이야기를 많이 한다.

이런 태도는 직원에게 주인 의식과 책임감을 부여하는 긍정적인 효과도 있지만 부정적인 측면도 있다. 문제를 알고 있다고 누구나 해결할 수는 없다. 이는 문제를 발견해도 직접 해결할 수 없다면 거론하지도 말라는 말과 같다. 누구나 아는 뻔한 문제조차 묻히는 것이다.

예컨대 당신이 회사의 문제점을 잘 알고는 있지만 해결할 수 없는 경우가 있다. 이런 문제는 주로 힘 있는 부서에서 많이 발견된다. 본사의 인사 담당자가 청탁을 받고 임의로 인사를 조정하는 정황을 포착하거나 의심이

들어도 내가 지점 직원이라면 혼자서 그 문제를 해결할 수 없다.

그래서 이런 정보가 윗사람에게 편안하게 전달될 수 있어야 한다. 그 과정에서 고발한 직원의 위치가 흔들리지 않도록 주의를 기울여야 할 것이다. 또 다른 상황은 문제를 발견한 사람이 문제를 일으킨 당사자라는 걸 인지했을 때다. 이 역시 스스로 해결할 방법을 찾지 못할 때는 당연히 윗사람에게 그 문제를 솔직히 이실직고하는 분위기가 돼야 한다.

| 호기심이 괴담으로 변질되지 않으려면 |

직원들의 주인 의식과 권한 위임의 덕목들을 희석시키지 않으면서, 그리고 모든 사람에게 패배감을 안겨 주거나 응석을 모두 받아 주는 문화를 조장하지 않으면서 나쁜 정보를 조기에 알아낼 수 있는 구조는 어떻게 만들까?《최강의 조직》의 저자 벤 호로위츠는 누군가가 나쁜 소식을 알려 주면 크게 반색하는 것처럼 보이려고 애썼다고 한다. "그 일이 우리 회사를 죽이기 전에 알게 됐으니 천만다행입니다" 또는 "일단 이 문제를 해결하고 나면 우리 회사는 훨씬 더 강해질 겁니다. 분명 전화위복이 될 겁니다"라고 말하는 것이다.

직원들은 사장의 거울이다. 즉 사장의 태도를 따라 한다. 고로 당신이 나쁜 소식을 전해도 괜찮다는 반응을 보이면 그들도 그렇게 생각하며 안심하고 문제를 지적할 것이다. 이를 더 체계적인 기업 문화로 정착시키는 방법을 몇 가지 제시한다.

책임을 묻기보다 문제 해결에 집중하라

문제를 알게 되면 이를 분석해서 원인을 정확히 찾아내야 한다. 보통 이런 문제의 원인은 십중팔구 의사소통이나 우선순위가 잘못된 경우로 충분히 해결할 수 있는 것들이다. 이때 직원을 콕 집어 비난하거나 책임을 묻는 데 주력하면 직원은 자신을 방어하기에 급급해져 폐쇄적 분위기로 흘러갈 것이다. 하지만 문제 해결에 중심을 둔다면 오히려 나쁜 소식을 한시라도 빨리 전달해서 적극적으로 해결하려는 분위기가 형성된다.

평소에도 나쁜 소식을 찾는 노력을 하라

일상에서 직원들과 만날 때 나쁜 소식을 드러낼 수 있도록 유도한다. "업무에 방해가 되는 것은 무엇입니까? 무엇이든 괜찮습니다", "만약 당신이 사장이라면 회사에서 무엇을 바꾸고 싶습니까?" 등을 질문한다. 자주 묻고 용기를 북돋다 보면 직원들이 머지않아 입을 열 것이다. 맷집 좋은 사장은 어둠을 피하지 않는다. 좋은 소식은 맞이하고 나쁜 소식은 맞서라.

주저 없이 말할 수 있는 분위기를 만들라

간부들이 고민거리를 사장에게 자주 이야기하는 게 불편할 수 있다. 하지만 대책을 생각하느라 골든 타임을 놓치는 것보다 실수를 감안하더라도 제때 결정하는 것이 훨씬 낫다. 사장에게 고민을 털어놓고, 논의하고, 필요한 지침을 받는 게 당연한 자유로운 소통 분위기를 만들라. 보고가 뜸한 부서가 있다면 간혹 사장이 먼저 찾아가거나 연락해서 "잘돼 갑니까? 혹시 문제가 있지 않나요?"라고 찔러 보기도 하라는 것이다.

비밀이 많은 회사는 소문도 많다. 정보와 결정 사항이 투명하게 공유되지 않으면 '그 소문이 진짜일까?' 하는 호기심이 괴담으로 둔갑할 위험이 있다. 고로 사실을 바탕으로 정확하게 커뮤니케이션하는 것이 중요하다. 사실 대부분의 회사 문제점들은 여러 경로를 통해 사장의 머릿속에 이미 정리돼 있거나 알고 있는 것들이다. 다만 이걸 적시에 직원들과 교환하지 않으니 괴담으로 변질되는 것이다. 직원들의 입장에서는 소문을 짜 맞추거나 추측하게 되고, 이렇게 미완성의 모자이크가 마치 사실처럼 퍼진다. 대외비가 아니라면 빠른 시간 내에 직원들과 정보를 공유해야 조직의 일체감을 높이고 헛소문을 잠재우는 데 도움이 될 것이다.

도와주고
끌어 주는
인재들의 생태계

"평생직장 따위는 없다. 성공해서 떠나라!"

배달의 민족(우아한형제들) 사내 벽에는 이런 글귀가 적혀 있다고 한다. 게다가 면접을 보는 공간이라고 하는데, 왜 이런 문구를 직원들에게 내세웠을까? 세상이 바뀌고 있다는 증거다. 더 이상 회사가 직원들을 '가르친다'는 개념은 의미가 없어지고 있다. 오히려 그들에게 동기를 부여하고 그들의 성장을 돕는 형태로 생태계가 바뀌고 있다.

"우리 회사에 평생 오래 다닐 생각은 하지 않았으면 좋겠습니다."

류영준 카카오페이 대표의 말이다. 류 대표는 최근 신문 인터뷰에서 "각자 자신의 커리어에 성공 사례를 만드는 것이 회사 생활의 의미 아니겠느냐"라고 했다. 전통적 가치인 근속이나 충성심보다 합리적 선택을 권하고 있다. '우리를 거치면 당신이 성장한다. 있을 때만이라도 잘해 달라'는 메시지다.

한 회사에서 평생을 바치던 과거와 달리 지금은 회사가 개인의 성장을 위한 사다리에 불과하다. 요즘 직원들은 일하다가 다른 사다리가 필요하면 과감하게 옮긴다. 이들이 중요하게 생각하는 가치는 본인의 실력과 행복이다. 자신의 능력이 잘 발휘될 수 있고 성장 가능성이 많은 회사를 좋아한다. 기꺼이 성장의 사다리가 돼 주고 다른 사다리가 필요하면 기쁜 마음으로 보내 주는 회사를 원한다. 그곳을 떠나더라도 그 회사 출신이라는 것을 자랑스럽게 말할 수 있는 회사가 좋은 회사다.

| 스타트업 대표 중에 대기업 출신이 많은 이유 |

조직 상층부도 마찬가지다. 과거 많은 기업의 공동 창업자가 헤어지는 과정을 보면 성과를 못 냈거나, 싸웠거나 둘 중 하나로 모양새가 좋지 않게 헤어졌다. 그러나 배달의 민족은 다르다. 회사를 나갈 때도 생산적인 관계가 유지되도록 서로 도와주고 끌어 주는 생태계를 만들어 가고 있다. 런드리고, 트립스토어, 고스트키친, 킥고잉, 클래스101, 지구인컴퍼니 등 수많은 스타트업의 대표가 배달의 민족 출신이다. 김봉진 대표는 이들에게 창업가 정신, 투자, 노하우 등과 관련된 조언을 하면서 퇴사 후에도 좋은 인연을 이어 가고 있다.

이런 사례는 배달의 민족 외에도 많이 찾아볼 수 있다. 네이버는 삼성 SDS 출신 인재들이 만들었고 엔씨소프트 김택진 대표는 한글과컴퓨터 출신이다. 당근마켓은 카카오 직원들이 사업 아이템을 잡게 되면서 창업했다. 우선 입사해서 업무를 잘 익히고 사내 인큐베이션을 통해 스타트업 창업을 모색한 것이다.

이어달리기를 할 때 탄력을 받으면 속도를 내기가 훨씬 쉽다. 스타트업을 지원하는 모기업들은 선수들의 플랫폼이 돼 주면서 상생을 모색하는 생태계를 만들어 가는 중이다. 이런 생태계 형성은 사회, 국가 차원에서도 긍정적이다. 그들이 창업해서 독립하면 결원으로 새로운 일자리가 생기고, 창업한 회사가 잘되면 고용이 늘어나는 선순환이기 때문이다.

지금 우리는 '선택적 충성 시대'에 살고 있다. 왕권 시대에서는 성공하기 위한 선택이 단순했다. 왕에게 충성을 맹세하고 순응하는 것이다. 입신양명의 방법이 호랑이 등에 올라타는 것 말고는 방법이 없다. 그러나 지금은 공무원, 공기업은 물론 대기업, 중소기업, 프리랜서, 해외 글로벌 기업 등 개인의 능력이나 취향에 따라 선택지가 넓어졌다. 이제는 일방적인 충성심 강요와 제한적인 선택 환경에서 상당히 멀리 벗어나 있다. 조선시대에는 왕의 눈 밖에 나면 실업자 신세가 됐지만 지금은 마음만 먹으면 언제든지 이 회사 저 회사 옮겨 다닐 수 있는 자유가 있다. 직원을 묶어 둘 제도적 장치는 없다. 오직 부와 명예, 비전으로 인재를 잡아야 한다.

미국 노동통계국이 2018년 베이비 붐 세대(1957~1964년 출생자) 9,964명을 조사한 결과 일생 동안 평균 12.3회 이직했다고 한다. 잡코리아가 직장인 1,322명을 대상으로 '연차별 이직 경험'에 대해 설문 조사한 결과 경력 1년 차 직장인의 64.7퍼센트가 '이직해 봤다'고 답했고, 경력 10년 차 직장인의 이직 횟수는 평균 4회였다. 일생 동안 평균 11~12개의 직업을 거친다고 추산된다.

이런 역동적인 비즈니스 환경에서 사장은 무엇을 제시해야 직원들의 마음을 살 수 있을까? 그리고 직원들은 무엇으로 회사에 보답해야 할까? 이런 상호간의 밀고 당기기로 직원과 회사는 각자 어떤 이득과 결과를 얻을 수 있을까?

좋은 인재가
모인 곳에
찾아가라

일반적으로 이름 없는 중소기업일 때는 쳐다보지도 않다가 회사가 어느 정도 성장하고 회사 브랜드가 알려지면 그때서야 인재가 몰려든다. 이들은 좋은 회사를 가기 위해 장기간 준비해 온 '취준 전문가'들이다. 회사 홈페이지와 사장의 성향, 평판 등을 샅샅이 살피고 회사에 맞는 '용비어천가'를 쏟아 내는 인물들이다. 경력자라면 기존에 다니던 회사와 비교해서 대우가 더 좋은 곳으로의 이직을 결정했을 것이다.

신입이든 경력자든 이들의 취업 니즈는 확실하다. 이를 반대로 이야기하면 '더 좋은 회사가 생기면 언제든지 떠날 수 있다'는 전제가 된다. 한여름 밤의 불나방이 불빛에 몰려들었다가 날이 밝으면 사라지듯이 말이다.

이렇듯 채용 시장이 역동적인 힘의 씨름장으로 변모하고 있다. 채용자와 취준생이 겨루는 일종의 씨름장이다. 과거에는 회사가 일방적이고 주도적으로 게임을 이끌어 갔지만, 이제는 반드시 그렇지만은 않다. 먼저 회사 규모가 커지다 보면 내가 원하는 인재가 모여드는 것이 아니라 연봉이나 경력을 통해 자기를 성장시키고자 하는 사람들이 모여든다. 회사가 그들을 선택하는 것이 아니라 그들이 회사를 선택하는 구조다.

이때 회사는 눈에 띄고 적극적인 사람을 자연스럽게 선택하게 된다. 사람들은 이런 태도를 열정이라고 부른다. 하지만 실상 그들의 열정은 회사를 향한 열정이라기보다는 본인의 생존을 위한 본능적 열정일 가능성이 더 크다. 결론적으로 언뜻 보기에는 회사가 선택하는 것으로 보이지만 엄밀하게 따지면 몰려온 그들에게 회사가 선택당한 것이다. 이것은 주어진 선택이며 천수답 방식의 인재 영입이다. 비가 오면 물이 고이듯 회사가 번창하면 자연스레 인재가 모여들어 저절로 형성되는 일방적이고 소극적 인재 시장이다.

| 우리를 거치면 당신이 성장한다 |

회사가 이처럼 수동적인 채용 방식에 익숙해지다 보면 선택의 폭이 한정되고 울타리를 까다롭게 만드는 데만 신경 쓰다 보니 엉뚱한 결과가 생긴다. 예컨대 영어가 필요 없는 직무인데 토익 900점이 넘어야 뽑는 스펙 과다의 기형적 문턱이 생기는 것이다. 회사가 이런 원천적인 오류를 방지하고 참신한 인물을 채용하기 위해서는 적극적이어야 한다. 들어오겠다는 지원자들을 기다릴 게 아니라 남들이 눈여겨보지 않는 곳에서 인재를 찾아야 한다. 이제는 비가 와야만 농사를 지을 수 있는 천수답 방식으로는 원하는 인재를 구할 수 없다.

실제로 많은 기업이 적극적으로 변하고 있다. 특히 스타트업계의 인재 채용 경쟁이 치열하다. 전통적인 인사의 룰도 깨지고 있다. 최근 열린 '스타트업 코딩 페스티벌 잡 페어' 채용 설명회에서 초봉이 얼마냐는 질문에 박재욱 쏘카 대표는 주저 없이 "4,200만 원이 기본이고 잘하는 분은 비정기적으로 올라간다"라고 말했다. 얼마 전까지만 해도 연봉은 대외비였다. 이어 전통적 가치인 근속 대신 "우리를 거치면 당신이 성장한다"라고 강조했다. 충성심이나 간절함보다 합리적 선택을 권하는 메시지다.

영화 '007 시리즈'를 통해 우리에게도 익숙한 영국 정보청보안부(MI5)가 최근 인스타그램 계정을 만들었는데 벌써 11만 명의 팔로워를 거느린 인기 채널이 됐다. 단순히 홍보하기 위해서가 아니라 채용 때문이다. MI5는 기존의 채용 방법만 고집하면 다양한 인재를 구할 수 없다는 결론을 내리고 인스타그램을 이용하는 젊은 층에게 재미를 줄 수 있는 콘텐츠를 제공하기 시작했다. 이와 비슷하게 미국의 CIA도 수년 전부터 인스타그램에 모집 공고를 올려 왔다.

이는 젊은 인재를 발굴하기 위해서는 더 이상 이력서를 기다리고 있을 수 없다는 것을 의미한다. 기업 홍보 마케팅도 고객들이 주로 머무는 매체에 타깃 광고를 하는 것처럼, 인재 채용도 원하는 인재가 모여 있는 곳에 적극적으로 어필해야 관심을 얻을 수 있다. 채용 시장의 판이 점차 MZ세대 취향에 맞춰 바뀌고 있는 것이다.

능력 있는 사람
VS
믿을 만한 사람

회사에는 크게 세 가지 부류의 사람이 있다. 믿을 만한 사람, 능력 있는 사람, 호감 가는 사람이다. 이 세 가지를 모두 충족하는 사람은 거의 없다. 있다 해도 조직 전체를 이런 사람들로 채울 수 없는 게 현실이다. 믿을 만한 사람이지만 능력이 떨어질 수 있고, 능력은 출중하지만 신뢰는 떨어지는 경우가 흔하다. 그래서 직원을 적재적소에 배치하는 일이 중요하다. 가령 믿을 만한 사람은 창고지기나 수행 비서, 금전 출납을 담당하게 하는 것이다.

그런데 단편적인 업무를 넘어 중요한 일을 맡길 때 고민이 생긴다. 예컨대 이사진 구성이 그렇다. 당연히 믿을 수 있고 능력도 있는 사람이어야 하지만 딱 들어맞는 사람이 없다. 당신이라면 능력은 있는데 믿을 수 없는 사람과 믿을 수 있지만 능력이 떨어지는 사람 중 누구를 선택할 것인가?

| 신뢰할 수 없다면 애초에 거리를 둬라 |

많은 경우 능력은 좀 부족해도 믿을 만한 사람을 선호한다. 배신으로 인한 고통은 참을 수 없지만 업무 차질은 어느 정도 견딜 수 있다고 생각하기 때문이다. 문제는 그를 선임하고 큰 실수가 발생했을 때다. 이건 어쩌면 예고된 일이다.

이때 사장들은 대개 그를 감싸거나 두둔하는 경향이 있다. 오랫동안 동고동락해 왔고 신뢰도 쌓였으니 한두 번의 실수는 눈감아 주고 싶은 게 인지상정이다. 특히 정 많은 사장일수록 그렇다. 하지만 마음이 아프더라도 하루빨리 조치를 취해야 한다. 괜히 질질 끌거나 유야무야하면 조직에 좋지 않은 효과를 부르는데, 생각보다 많은 중소기업 사장들이 이런 실수를 답습하고 있다.

그렇다면 능력은 있지만 믿음을 저버린 직원은 어떻게 처리해야 하나? 이때 일어날 수 있는 사고는 가벼운 도덕성의 문제부터 심하게는 배임 횡령까지도 염두에 둬야 한다. 통상 주의를 주거나 고쳐 보려 하지만 개인의 성격 문제도 있고 '어딜 가든 먹고살 수 있다'는 생각 때문에 잘 개선되지 않는다. 사안이 심각하거나 반복될 여지가 보인다면 결단해야 한다. 헤어질 때도 전략이 중요하다. 어설프게 접근하면 회사의 약점을 물고 늘어질 수도 있기 때문이다.

　사실 신뢰할 수 없다면 애초부터 채용하지 말아야 하는 게 맞다. 하지만 중소기업에서 능력자를 외면하기는 쉽지 않다. 당장의 매출 때문에 도덕만 고집하기가 어려운 것이 중소기업의 현실이다. 차선책이 있기는 하다. 불가피하게 써야 한다면 멀찍이 두고 써라. 인센티브제나 아웃소싱 등의 제도로 회사와 한 발짝 거리를 두고 문제가 생기면 바로 헤어질 수 있도록 설계하는 것이다.

규칙은
단순해야
따른다

미켈란젤로는 조각을 불필요한 부분을 제거하는 과정으로 생각했다. 그는 다비드 상을 조각하면서 "나는 대리석 안에 들어 있는 천사를 봤고 그가 나올 때까지 돌을 깎아 냈다"라는 말을 남긴 것으로 유명하다. 통찰을 통해 핵심만 남기는 단순함을 추구한 것이다. 그것은 동서양의 다른 작품들에도 녹아 있다. 앙리 마티스의 'The Back', 피카소의 'The Bull', 김정희의 '세한도' 등에서 극도로 생략되고 절제된 간결함을 볼 수 있다.

대상의 본질만 남기고 불필요한 요소를 제거하는 미니멀리즘은 자연 과학 분야에서도 발견할 수 있다. 양자 전기 역학 이론으로 노벨 물리학상을 받은 리처드 파인먼도 "현상은 복잡하다. 버릴 게 무엇인지 알아내라"라고 말했다. 이처럼 단순함은 음악, 건축 디자인, 패션, 철학 등 다양한 영역에 영향을 미친다. 세상에 나타난 모든 현상은 본질에 덧칠한 것들이다. 우리는 사색과 통찰로 덧칠을 하나둘 벗겨 낼 수 있다.

| 문제가 복잡할수록 해결책은 단순하게 |

경영에서도 단순함은 중요한 개념이다. MIT 슬론 경영대학원 교수 도널드 설과 스탠퍼드대학의 교수 캐슬린 M. 아이젠하트는 책《심플, 결정의 조건》에서 복잡한 문제는 복잡한 해결책으로 대응하는 것이 아니라 단순한 규칙으로 관리하는 것이라고 말했다. 경영 환경이 다양하고 복잡해짐에 따라 우리가 처리해야 할 문제들도 점점 더 까다롭고 복잡해지고 있다. 그러나 주어진 자원과 시간은 턱없이 부족하다. 이런 상황에서 사장은 문제의 핵심을 빠르게 짚어 내고 더 나은 판단을 위해 규칙을 단순하게 만들 필요가 있다.

복잡함과 복잡함이 만나면 문제가 해결되기는커녕 오히려 더 많은 혼란이 초래된다. 미국의 소득세 정책안은 2010년 기준으로 380만 단어의 분량으로 그 두께가《전쟁과 평화》의 일곱 배다. 규칙이 그 정도로 정교하고 복잡하다면 논리정연하고 철저해야 정상이다. 하지만 이 정책안을 바탕으로 세무 전문가 45명이 한 가족의 세금을 계산한 결과 예상 세액이 최소 3만 6,332달러부터 최대 9만 4,438달러까지 들쭉날쭉했다.

해결책이 복잡하면 압박감을 느낀 사람들이 이를 따르지 않을 가능성이 커진다. 미국처럼 세법이 복잡한 나라일수록 탈세율이 더 높았다. 또한 전세계 109개국의 사법 체계를 비교하고 연구한 결과, 규칙이 많을수록 자국민이 평가하는 사법 체계의 형평성, 부패에 대한 평가가 부정적으로 나타났다. 규칙이 많으면 정의는 적다. 미국 연방 준비 제도 이사회는 2014년 재닛 옐런 의장이 취임한 이후 기준 금리를 단순한 규칙에 따라 결정하고 있으며 세계 중앙은행도 단순한 규칙을 적용하고 있다.

| 바뀐 규칙은 한 번에 적용한다 |

복잡한 규칙은 인간의 본성을 불신하기 때문에 만들어진다. 이런 불신 때문에 회사에서는 직원이 자유 재량권을 남용하지 못하도록 두꺼운 규정집을 만들기도 한다. 세계적인 동영상 스트리밍 서비스 회사인 넷플릭스는 단 3퍼센트의 불신하는 직원들 때문에 상세한 인사 규정집을 사용하고 있었다. 그렇지만 결국 회사는 더 상세한 규정을 만들지 않기로 했다. 그 대신 문제를 일으킬 만한 사람을 채용하지 않고, 채용 절차에 실수가 있었다면 해당 직원을 제거하는 데 집중하기로 했다.

규칙을 단순하게 만들려면 무엇을 중심으로 단순화할 것인지 그 우선순위를 먼저 결정해야 한다. 매출 중심인지, 이익 중심인지, 속도 중심인지, 과정 중심인지 등을 선택하고 집중한다. 그리고 새로운 규칙은 전광석화처럼 단번에 적용하는 게 좋다. 천천히 변화를 주면 과거와 미래가 서로 뒤엉

켜 혼란스럽고 직원들의 반발도 커지기 쉬우므로 결과가 좋지 않다. 그러니 일도양단하듯 신속하게 적용하라.

쓸모없는
악법은
지키지 마라

"지난해 달력이 왜 잔뜩 쌓여 있죠?"

"아, 그거요? 5년 동안 보관해야 하는 거라서요."

"쓸모없는데 그냥 버리시죠."

"안 됩니다. 규정이라서 지켜야 해요. 감사에 걸립니다."

철 지난 달력이 중요한 서류나 되는 것처럼 창고 가득히 쌓여 있다. 웃지 못할 코미디 같지만 한 공기업의 컨설팅 사내 투어 중 실제로 있었던 일이다. 아마 그 회사의 창고에는 지금도 지난해 달력이 쌓여 있을 것이다. 규정을 철저하게 준수한다는 게 때로는 이렇게 엉뚱한 결과를 낳는다. 일반 중소기업이 이런 경우는 드물다. 중견기업, 대기업, 공기업, 국가 기관 등

경직될 가능성이 높은 곳일수록 그렇다. 규칙의 필요 유무와 상관없이 '지 적당하지 않으면 그만'이라는 생각이 이런 결과를 낳았다. 보통 규정은 표준 규칙으로 잘 만들어져 있지만 자칫 장롱 규정이 되기도 한다. 직원들은 어떤 규정이 있는지도 모르다가 무슨 일이 생기면 불이익을 당할까 걱정하며 해당 항목만 살펴본다. 상식적으로 말이 되지 않는 규정이라도 나에게 불똥이 튀지 않도록 곧이곧대로 지키는 것이다.

이런 현상은 사장이 현장 경영을 하지 않고 책상머리 탁상 경영을 하고 있을 때 주로 일어난다. 총체적으로는 규정이 왜 존재하는지를 모르는 탓이다.

| 조직을 망치는 헛규칙이 있는가? |

규정은 조직의 이익을 위해 존재한다. 그러므로 규정에 문제가 있으면 고쳐야 하고 때로는 버릴 수 있어야 한다. 특히 중소기업 사장일수록 이런 문제에 봉착하면 민첩하고 단호하게 반응해야 한다.

G 사장의 사례는 사장이 주도적으로 너무 앞서 나간 경우다. 내가 그 회사의 사장실에 들어서는 순간 상당히 놀랐다. 전기 공사 규칙, 법령, 노무, 회계, 각종 계약서, 규정 등과 관련된 문서들이 빼곡했다. 마치 문서 보관소를 방불케 했다. 직원은 고작 7명 정도였지만 시스템과 규정을 완벽하게 갖추고 있었다. 하지만 실적은 기대 이하로 간신히 연명하는 상태였다.

대기업 출신의 G 사장은 워낙 성격이 치밀하고 꼼꼼해서 모든 서류를 완벽하게 준비한다. 그러다 보니 규칙에 매몰돼 영업에 힘을 쏟지 못했다. 회사가 성장한 뒤에 갖춰도 될 과한 규정과 절차, 서류, 결재가 직원들의 업무 수행에 걸림돌이 된 것이다. 지나친 꼼꼼함이 빚어 낸 참사다. 당장 이 회사에 필요한 것은 규칙이 아니라 매출이었다.

언제부터인가 국제 표준(ISO)이 쏟아져 나오고 '소비자대상', '품질경영대상' 같은 각종 상이 난무하고 있다. 회사는 물론이고 금융 기관, 공공 기관 구분할 것 없이 거의 모든 조직의 건물에 들어서면 이런 표준과 상패들이 보인다. 그동안 표준화는 생산의 효율성뿐만 아니라 혁신의 속도를 높이는 데 기여했다. 특히 기술의 표준화는 대량 생산을 가능케 했고 새로운 아이디어의 발판이 되기도 했다.

하지만 최근 들어 상황이 처음과는 딴판으로 흘러가고 있다. 이런 제도는 금융 기관으로부터 수월하게 융자를 받기 위한 가산점의 수단으로 이용할 뿐 정말 원해서 도입하는 경우는 드물다. 본래 의도와 달리 형식적인 인증만 남은 것이다. 결국 국가가 좋은 의도를 갖고 출발했지만 실상은 시간 낭비와 비용 지출로 이어졌다. 대부분의 중소기업에 방문해 보면 인증과 관련된 서류는 사무실 구석에 덩그러니 꽂혀 있는데 매년 갱신 비용이 나간다. 그러나 실제로 인증에 대해 아는 직원은 거의 없다.

사내 규정도 현실을 못 따라가는 헛규칙이 허다하다. 평소에는 장롱 규정으로 아무런 의미가 없다가 문제가 생기면 들추고 옥죄는 수단으로 존재한다. 이런 규정으로는 자유분방하고 열린 사고의 신세대를 이끌 수 없다.

요약하면, 어떤 규정이든 회사를 위해 존재해야 한다는 것이다. 규정이 현실과 맞지 않으면 고쳐야 하고 문제가 많은 규정은 버리고 새로 디자인해야 한다. 이 결정은 오직 사장만 할 수 있다. 이에 대해 페이스북 설립자 마크 저커버그는 "무언가를 개선하기 위한 목적이라면, 그것을 깨뜨리는 것도 괜찮다고 생각한다"라고 했다. "악법도 법이다"라고 한 소크라테스의 말은 기업 경영에서는 한 귀로 듣고 흘리는 게 좋겠다. 특히 중소기업은 그렇다. 악법은 지키지 마라.

국가가
내 회사를
지켜 줄 수 있을까?

기업에게 국가란 무엇인가? 한국의 정부 수립 초기에 국가는 든든한 버팀목이었고, 산업 초기에는 절대 권력인 동시에 무소불위의 상징이었다. 그 시절 정부가 발주하는 사업은 100퍼센트 성공했기에 무한 신뢰의 상징이었다. 설사 적자가 나도 정부 자금으로 메워 주기까지 했다.

그러나 지금은 사정이 다르다. 옛날처럼 정부만 믿고 사업을 시작했다가 부도가 나는 기업이 많다. 조달청이 운영하는 다수 공급자 계약 제도(MAS)처럼 자금 결제가 보장된 시스템이라면 모를까 이제 중앙 정부나 지방 자치 단체 주도의 사업도 함부로 성공을 장담할 수 없는 상황이 된 것이다. 이것이 바로 국가 리스크 관리가 필요한 이유다.

2016년 2월 10일, 개성 공단 폐쇄가 대표적인 사례다. 개성 공단 기업 비상 대책 위원회에 의하면 개성 공단 전격 폐쇄 조치로 30퍼센트 이상의 기업이 휴업 내지 폐업 상태라고 한다. 정부가 권고하고 추진한다고 해서 무조건 믿고 따르기에는 리스크가 너무 크다. 이제는 기업 스스로 리스크 여부를 판단할 때다.

| 나라가 망해도 살아남는 탈코리아 기업 |

일본 소프트뱅크의 손정의 사장은 2016년 1월 10일, 니혼게이자이신문과의 인터뷰에서 이렇게 이야기했다.

"나는 300년 정도 지속하는 기업을 만들고 싶다. 일본의 경쟁력 저하와 함께 소프트뱅크의 경쟁력이 함께 떨어지는 것은 바람직하지 않다."

국가가 망해도 기업은 별개로 살아남아야겠다는 강한 의지의 표현이다. 이와 관련해서 기업의 국적과 혈통 논란이 있다. 뉴욕 증시에 입성한 첫날 시가 총액 100조 원을 넘기며 세상을 떠들썩하게 했던 쿠팡 이야기를 하겠다. 2021년 3월 11일 미국 뉴욕 증권 거래소에 상장한 쿠팡엘엘씨(Coupang LLC)는 한국 쿠팡의 지분을 100퍼센트 갖고 있는 모기업이다. 쿠팡의 설립자 김범석 대표 이사의 국적은 미국이고 쿠팡엘엘씨 본사의 주소도 미국 델라웨어주다. 쿠팡의 한국 본사 건물은 서울 송파구 신천동에 있고 기업의 활동도 99퍼센트 한국에서 이뤄지지만 쿠팡의 국적은 미국인 셈이다.

사실 구글, 애플, 월마트, JP모건을 비롯해 미국 500대 기업 중 60퍼센트 이상이 서류상 본사를 델라웨어주에 두고 있다. 이는 기업에 유리한 법 제도와 낮은 세금 등의 이유 때문이다.

게임업체 넥슨도 창업은 한국에서 했지만 기업 상장을 일본에서 하면서 본사를 일본으로 옮겼다. 이처럼 본사를 해외로 옮기거나 처음부터 해외에 두는 탈(脫)코리아 기업이 차츰 늘고 있다. 종래는 기업들이 주어진 환경에 수동적으로 적응했다면 이제는 좋은 생태계를 찾아 적극적으로 움직이고 있는 것이다.

주체에 따라 이러한 기업 국적 논란을 보는 관점이 조금씩 다르다. 국민은 순수한 애국의 관점이지만 정부는 돈의 관점이다. KB금융의 외국인 지분이 70퍼센트에 육박하고 삼성전자와 네이버도 60퍼센트에 달하는 마당에 기업의 법인 등록지와 지분 구조, 경영진 현황 등을 기준으로 기업의 국적이 규정되는 '전통적인 판별 기준'으로 국적을 따지는 게 사실상 무의미하다.

대부분의 중소기업은 어쩔 수 없이 국가와 운명을 같이하겠지만 이처럼 국가 의존도를 줄이고 독립성을 높이려는 글로벌 기업이 늘어나는 추세다. 해외 직구가 보편화되고 기업 경영은 물론 소비와 투자까지 쉽게 국경을 넘나드는 글로벌 시대에 국적이 무슨 의미가 있을까? 기업의 혈통을 따지고 애국심에 호소하기에는 너무 많은 것들이 변하고 있다.

행정 업무는
적극적이고 선제적으로
대응하라

　사업을 하다 보면 정부, 관공서 공무원의 성향을 파악하고 대처해야 할 때가 있다. 소위 관공서를 대하는 기업의 대관 업무(Government Relation)다. 사업이 어려워지면 각종 공과금과 세금이 밀리는데, 그러다 보면 공공 기관을 상대할 일이 늘어난다. 이는 중소기업에서 흔히 있는 수동적, 소극적 대관 업무다. 대관 업무는 돈을 버는 일도 아니고 기분 좋은 일도 아니지만 반드시 해야 하는 일이다. 어떻게 대응하는 게 좋을까?

　적극적으로 대응하라. 특히 세무서, 법원, 시청, 구청에서 오는 통지서와 전화는 잘 받는 게 좋다. 그들이 용건 없이 연락하는 경우는 없다. 그리고 공무원에게 맞서 봤자 당신만 손해다. 그들은 주어진 일을 하는 사람들이다. 피한다고 될 일도 아니다. 시간만 지연될 뿐 방향을 바꾸진 못한다. 주변에 세금 독촉장과 고지서를 외면하고 미루다가 더 큰 손해를 보고 수습하는 경우를 여러 번 봤다. 외면하고 싶은 심정이야 충분히 이해한다. 나는 파산 면책이 한참 지난 지금도 집 우체통에 태극 문양이 새겨진 국세청 우편물과 행정 봉투가 꽂혀 있으면 가슴이 철렁한다. 하지만 외면한다고 봐주지 않는다. 지하에 숨지 않는 이상 지구 끝까지 쫓아올 것이다. 도망칠 게 아니라면 그들과 맞서거나 외면하지 마라. 가능하면 적극적으로 해결하는 게 좋다.

| 담당 공무원을 문지기로 세워라 |

규모가 큰 기업이거나 주업종이 대정부 사업일 경우 체계적으로 대관 업무를 해야 한다. 전문적인 대관 업무 과정에서 발생할 수 있는 몇 가지 사례를 소개한다.

사례① CEO 출석을 무기 삼아 어려운 요구를 하는 경우

모 건설사에서 15년 이상 대관 업무를 담당 중인 A 임원은 최근 한 국회의원실의 보좌관으로부터 황당한 전화를 받았다. 현재 한창 진행 중인 공사 계획을 수정하지 않으면 국정 감사에서 최고 경영자를 출석시키겠다는 전화였다. 해당 공사는 법적으로 전혀 문제가 없고 계획을 바꿀 경우 천문학적인 비용이 들어간다고 오랜 시간 설득했지만 보좌관은 막무가내였다.

수차례 반복된 전화와 강압적인 태도는 물론 막말도 서슴지 않았다. CEO가 국감에 출석할 경우 준비해야 할 답변과 증거 자료만 산더미이기 때문에 회사의 입장에서 리스크가 너무 컸다. A 임원은 "국회 의원실은 걸핏하면 CEO 출석을 무기 삼아 현실적으로 불가능한 사항을 요구할 때가 많다"라며 울상을 지었다.

사례② 구두 지시대로 수행했으나 말을 바꾸는 경우

정부 산하 기관에 소속된 B 직원은 상급 부서 공무원과 회의나 통화를 할 때마다 꼭 녹취를 한다. 공무원의 구두 지시대로 업무를 수행했다가 훗날 탈이 나면 "나는 그런 지시를 한 적이 없다"라며 말을 바꾸기 때문이다. 그는 "공무원은 감사에서 문제가 불거지면 승진에 불이익을 받을까 봐 웬만하면 규제를 풀지 않는다. 정부가 아무리 규제를 풀라고 해도 행정 일선에서는 변화를 체감하기 어려운 게 현실이다"라며 고개를 내저었다.

이처럼 최근 많은 기업들이 대관 업무에 각별한 신경을 쓰고 있다. 입법, 행정, 사법을 막론하고 정관계 인사들을 잇따라 영입하며 대관 인력 확보에 한창이다. 배달의 민족을 운영 중인 우아한형제들은 지난 11월 김앤장 법률 사무소 출신 함윤식 전 부장 판사를 대외·법무 총괄 부사장으로 영입했다. 쿠팡은 지난 7월 추경민 전 서울시 정무 수석을 부사장으로 영입했고 10월에는 김앤장 출신인 강한승 전 청와대 법무 비서관을 경영 관리 총괄 대표 이사로 영입했다. 롯데관광개발은 지난 9월 오명 전 부총리 겸 과학 기술부 장관을 사외 이사로 영입했다.

이런 인력 확보 열풍이 부는 이유는 그 존재만으로도 충분한 가치가 있다고 판단해서다. 하지만 결과적으로 보면 영입된 인사들이 이전에 스스로 만들어 놓은 엄격하고 복잡한 규제들로 퇴직 후에 밥벌이를 하게 된 형국이다. 현직에서는 규제의 파수꾼, 퇴직 후에는 이와 관련된 문제의 해결사로 나서고 있으니 규제의 울타리가 낮아질 리가 없다. 물론 앞뒤 정황이 그렇다는 이야기다. 법적으로는 아무런 문제가 없을지 몰라도 직업 윤리와 도덕성 측면에서는 한번쯤 생각해 볼 일이다.

사장이라면
자금줄을
공부하라

요즘은 정부의 지원과 제도 혜택이 많다 보니 돈이 없어도 창업이 가능하다. 언제부터인가 이런 제도를 잘 활용하는 것도 하나의 경영 능력이 됐다. 창업 단계부터 회사의 유년기, 청년기, 장년기, 노년기의 과정마다 필요한 컨설팅과 지원 제도가 다르다. 때로는 전문 컨설턴트조차 적절한 지원 제도를 찾는 데 애를 먹을 정도로 제도가 다양하고 복잡하지만 그만큼 정교하다는 뜻이다. 실제로 정부의 지원금만으로 기업을 운영하는 일명 '좀비 기업'도 많다.

그렇다면 수많은 지자체와 관련 기관들이 제공하는 다양한 지원 제도를 어떻게 하면 제때 알고 활용할 수 있을까?

| 국가 지원 제도를 빠르게 확인하라 |

정부 지원 사업 정보는 스마트폰에 '기업마당' 애플리케이션을 설치해서 확인하라. 기업마당(www.bizinfo.go.kr)에는 소상공인과 중소기업을 위해 하루에 약 20~30가지의 다양한 지원 사업이 공지된다. 이곳에 올라온 내용 중 궁금한 사항은 국번 없이 1357(중소기업 통합 콜센터)에 문의하면 된다. 이 콜센터에는 전직 금융 기관 종사자, 금융 전문가, 경영 지도사, 공인 노무사, 변리사 등 20~30명의 전문가 집단이 무료로 상담해 주고 있다.

인터넷에서 파일을 열어 보는 방법도 있다. 기업마당 홈페이지에서 매년 1월 중소 벤처 기업부가 발간하는 책자를 다운로드받을 수 있다. 지원 형태의 큰 카테고리는 '중소기업 지원', '창업, 재도전 지원', '소상공인, 전통 시장 지원', '공통 사항' 네 가지가 있다.

① 중소기업 지원

중소기업 지원에서 첫째, '금융 지원'은 기업의 미래 성장성을 평가해서 경영에 필요한 각종 채무의 보증을 지원함으로써 자금 융통이 원활하도록 돕는다. 둘째, '기술 개발 지원'은 기술 개발 자금과 인프라 지원, 스마트 공장의 보급 확산 및 기술 유출 방지를 돕는다. 셋째, '인력 지원'은 산업의 수요를 반영한 현장 중심 교육을 제공하며 인재 양성과 인력 유입을 촉진한다. 넷째, '판로 지원'은 중소기업에 유리한 공공 기관 납품 제도, 중소기업 기술 개발 제품의 우선 구매, 마케팅, 홍보를 지원한다. 다섯째, '수출 지원'은 다양한 수출을 지원하는 제도이며 여섯째, '여성, 장애인, 지역 기업 지원'은 여성 기업, 장애인 기업, 지역 기업을 육성하고 지원한다.

② 창업, 재도전 지원

'창업 기업 지원'에는 아이디어 및 기술 창업 지원, 창업 저변 확대, 창업 지원 인프라 지원 제도가 있다. '재도전 기업 지원'에는 사업 전환 및 재창업 지원 제도가 있다.

③ 소상공인, 전통 시장 지원

소상공인을 위한 교육, 컨설팅 및 정보를 제공하고 맞춤형 경영 개선 및 협업화를 지원한다. 소상공인 재기 지원, 소상공인 정책 자금 지원, 전통 시장 지원, 보증 지원 제도가 있다.

④ 공통 사항

외부 전문가 노하우, 대·중소기업 동반 성장 지원, 중소기업 원격 근무 활성화 지원이 있다.

| 자금줄을 찾되 의존하지는 말자 |

사장들이 가장 관심 있는 것은 뭐니 뭐니 해도 돈이다. 그러나 사장들이 가장 공부하지 않고 잘 모르는 분야이기도 하다. 금융에는 무상과 유상이 있다. 무상은 말 그대로 공짜로 돈을 준다는 것이고, 유상은 융자를 말하며 이자를 낸다는 뜻이다. 유상은 쉬운 것 같으면서도 어렵고, 무상은 어려운 것 같으면서도 쉽다.

융자는 많이 투명해지고 이전과 달라졌다고들 하지만 여전히 알음알음 인맥으로 연결돼 있다. 융자는 신청이 거절돼도 그 이유가 모호하다. "신용 상태가 좋지 않은 거 같은데 내년에 다시 시도해 보시면 좋겠네요"라며 두루뭉술하게 답변한다. 이처럼 융자는 평가 항목과 조건을 잘 공개하지 않고 폐쇄적이다. 반면 무상은 제출해야 할 서류가 많다. 그렇지만 평가 항목과 조건을 투명하게 공개한다. 공식적이기 때문에 탈락의 이유가 비교적 명확하다.

무상이든 유상이든 정부 지원 제도를 활용하려면 사전에 기업이 꼭 갖춰야 할 몇 가지 필수 조건이 있다. 첫째, 중소기업 확인서를 발급받는다. 둘째, 채무 불이행 사실이 없고 세금이 완납돼야 한다. 셋째, 재무제표 상 최근 3년간 수익이 있고 부채 비율은 300퍼센트 이하를 유지하는 게 좋다. 이 세 가지는 갑자기 준비할 수 있는 것이 아니므로 평소에 염두에 둬야 한다.

정부 지원 제도의 책자 말미나 지원 기관 사이트에 담당자와 상담할 수 있는 연락처가 있다. 하지만 공식적인 상담소는 교과서적으로 답하는 경향이 있으므로 관련 전문가에게 비용을 지불하고 자문을 받는 게 좋다. 이들은 보수를 받고 움직이기 때문에 적극적이고 친절하다. 회사를 꾸리기도 바쁜 사장이 모든 것을 일일이 검토하기는 힘들다. 그러므로 믿을 만한 전문가를 고용하는 것 역시 중요하다.

지원 제도를 활용하는 것은 좋으나 지원 제도에만 100퍼센트 의존하지 말라는 말은 꼭 하고 싶다. 사람이나 기업이나 한번 뭔가에 의존하기 시작하면 '거지 근성'이 생겨 자생력이 무너진다. 한번 빨대를 꽂으면 빨대만 바라보게 된다. 기업은 사장의 악착같은 근성, 즉 야성이 어느 정도 있어야 유지될 수 있다. 너무 제도에 의존하면 사장에게 필요한 야성까지 잃을 수 있음을 잊지 말자.

3장

대부분의 승부는
맷집에서 갈린다

| 고비를 넘기는 힘 |

사업을 하다 보면 많은 고난과 어려움을 맞이한다. 두들겨 맞지 않고 상대를 이길 수 있다면 좋겠지만 긴

인생에 그럴 확률은 낮다. 따라서 한두 대의 펀치, 한두 번의 실패에는 끄떡없는 든든한 맷집이 필요하다.

이런 사장의 맷집은 평소에 갈고닦은 내공에서 나온다.

파산을 겪고
5만 5,000원만
남다

당신은 최소한의 생활비가 없어 고통스러워 본 적이 있는가. 점심값, 교통비가 없어서 외출과 미팅을 망설여 본 적이 있는가 말이다. 속세에서 벗어난 스님과 신부님이라면 모를까 평범한 사회인에게 돈이 없다면 어떻게 될까? 나는 회사가 도산하고 개인도 파산한 상태에서 생활비는 물론 버스 탈 돈도 없었던 적이 있다. 그날 나는 거실에 있는 돼지 저금통을 갈라서 나온 동전들을 모아 은행으로 갔다. 총 5만 5,000원. 나의 전 재산이었다.

실생활에서 우리가 겪는 대부분의 불행은 가난으로부터 오며, 가난은 고통이자 우리의 삶을 옥죄는 구속이다. 가난이 주는 고통과 좌절감은 마음의 여유를 앗아 가며 가난 외에는 아무것도 볼 수 없게 만든다. 겪어 보니 알겠다. 그때 나는 악마에게 영혼을 팔기로 계약한 파우스트의 심정을 이

해할 수 있었다.

가난을 벗어나기 위해 발버둥 치다 보면 처음에는 물리적 자유를, 그다음에는 정신적인 자유를 잃는다. 이쯤 되면 가난은 삶의 유일한 적이고, 가난을 벗어나는 것만이 인생의 유일한 목적이 된다. 다른 비전은 있을 수 없다. 이는 사업에 실패했을 때 가장 먼저 찾아오는 고통이다.

| 성공할수록 더 배워라 |

앙드레 말로는 "가난하면 적(敵)을 선택할 수가 없다. 우선은 가난에 지배당하고, 결국에는 운명에 지배당하게 된다"라고 했다. 가난을 벗어나는 게 목표인 사람에게 다른 여유란 있을 수 없다. 이것이 우리가 돈을 가져야 하는 근본적인 이유다. 궁핍하면 도덕과 부도덕을 선택할 수 없으며, 선과 악을 구분하기를 귀찮아한다. 삶의 목적이 사라지고 오직 돈만 좇는다. 미래에는 관심이 없고 눈앞에 보이는 것에만 관심이 있다. 보이는 것만 보고 보이지 않는 것은 보지 않는다. 지금 세상은 돈으로 해결할 수 없는 일이 거의 없다. 돈은 현실의 욕망을 실현시키는 최상의 도구이고, 그래서 다들 돈, 돈 하는 것이다.

하지만 가난을 벗어나기 위해 시작한 돈벌이가 커져 떼돈을 번다면 과연 손뼉 치고 좋기만 할까? 너무 가난해도 위험하지만 너무 돈이 많아도 위험하다. 돈이 풍족해지면 쉽게 오만하고 욕망을 조절하기 어려우며 쾌락과

나태에 빠진다. 성공하고 부자가 되는 것도 무척 어렵지만, 그 성공을 유지하고 관리하는 것이 더 어렵다.

우리는 흔히 실패에서 많은 교훈을 배운다고 생각한다. 그러나 사실은 성공 후에 배워야 할 것이 더 많다. 실패 후에는 어쩔 수 없이 알게 되지만 성공 후에는 능동적으로 알아 가야 한다. 때문에 수준 높은 미래 계획과 정체성, 그리고 자발적인 실행 의지와 강단이 필요하다. 성공을 유지하는 핵심은 욕망을 다스리는 데에 있다.

| 성공을 유지하는 맷집을 키워라 |

"히말라야 14좌를 완등한 지 올해로 15년이 됐습니다. 그 목표를 이루고 난 뒤 무기력증에 빠졌습니다. 자신을 바쳐 해야 할 일이 사라졌으니까요."

히말라야 8,000미터 고봉 14좌를 완등한 산악인 한왕용 대장이 한 신문 인터뷰에서 한 말이다. 그는 국내에서 엄홍길과 박영석에 이어 세 번째로 히말라야를 완등했다.

사업도 산을 오르는 것에 비유할 수 있다. 대부분은 등반 도중에 포기하고, 일부는 정상에 오르지만 성공에 도취해 무너지기도 한다. 최근에 만난 M 사장의 이야기를 해 보겠다. 그의 회사는 직원 40명에 매출은 300억 원 정도로 안정적이다. 매출과 순익도 수년간 상승세를 보이고 무리하게 사업을 확장할 필요도 없는 터라 자금의 압박 없이 편안하다. 그는 주로 주중에는 술자리, 주말에는 과천 경마장에서 적당히 시간을 보낸다. 평범한 직장인이라면 행복한 일상이라고 넘길 일이지만 한 조직의 리더로서는 왠지 2퍼센트 부족해 보인다.

나는 성공에 취해 무너진 케이스다. 목표했던 코스닥 상장이 성공적으로 마무리되자 긴장이 풀렸는지 더는 오를 목표가 없었고 비전도 없었다. 매일 하릴없는 술자리를 반복하다가 급기야는 약속이 없는 날에도 억지로 누군가를 불러 술을 마시는 습관이 생겼다. 술은 긴장을 풀어 주는 순기능도 있지만 목적을 상실한 음주 습관은 육체와 정신을 서서히 침몰시킨다. 나도 그렇게 서서히 침몰해 갔다.

전쟁 같았던 사업이 안정되고 목표를 달성한 후에 그다음 단계로 나아갈 목표가 없다면 앞서 언급한 M 사장이나 나처럼 방황의 길을 걷고 무위도 식하게 된다. 돈 버는 기쁨에만 취해서 미래를 제대로 준비하지 못하는 것이다. 예컨대 매일 뚜렷한 목적 없이 골프를 치고 술을 마시며 사람을 만난다. 남에게 해를 끼치는 일은 아니나 장차 그의 앞날에는 큰 혼란이 들이닥칠 것이다. 사람의 본모습은 상황이 기울 때도 나타나지만 성공한 후 부귀해질 때도 적나라하게 드러나는 법이다.

일부 의식 있는 사장은 정상에 도달하면 새로운 목표를 설정한다. 성공을 위해 돈을 채워 가는 과정이 끝났다면 성공의 하산 길에는 돈 씀씀이를 다듬어 가는 과정이 필요하다. 하지만 대부분의 성공한 사장들은 그 성공때문에 무너진다. 특히 단기간에 성공할수록 내공이 쌓이지 않았기 때문에 사업 맷집이 약하다. 그러므로 성공했더라도 실패 후에 버금가는 자기 성찰이 필요하다.

최악의 상황을 넘길
비상 시나리오를
준비하라

    내가 갑자기 망한다면 주변 사람들이 어떻게 변할지 생각해 본 적 있는가? 나를 기꺼이 도와줄까? 피하거나 도망갈까? 세상에 성공해 본 사람은 많지만 그 성공을 오랫동안 이어 가는 사람은 드물다. 우리는 살면서 한 번은 망한다. 그러므로 언젠가는 망할 수 있다고 가정하며 살아야 한다.

    우리는 평소에 배에 구멍이 뚫린 줄도 모르고 살다가 구멍이 커지고 물이 샐 때 비로소 가려졌던 구멍의 존재를 발견하는 것처럼, 비로소 최악의 상황이 눈앞에 닥쳐야 상황의 심각성을 알아차린다. 인간은 극한 상황에 놓이면 생존 본능과 이기심만 남는다. 처자식, 형제라고 이 대목에서 자유로울까? 현실에서는 정상적인 생각으로는 도저히 상상할 수 없는 일들이 종종 일어난다. 상황이 악화되면 사람들의 이기심은 극대화되고 감춰진 본성이 드러난다. 그래서 비상 시나리오는 항상 최악을 전제로 상상하고 작성해야 훗날을 대비할 수 있다.

| 호의를 베풀었더니 악덕 사장이 됐다 |

나의 뼈아픈 과거를 이야기해 보려고 한다. 한때 내가 인수하고 운영했던 T사는 가족 같은 분위기였다. 그러다 회사가 어려워져 급여를 밀리게 되자 정부의 체당금이라도 받게 해 주고자 직원들과 상호 합의하에 조기 퇴사를 진행했다. 임금 계약서에 따라 불이익 없이 진행한 일이었으나 한 달 뒤 고용 노동부 센터에서 '미지급 퇴직금 청구'로 호출이 내려왔다. 알고 보니 한 직원이 이중으로 퇴직금을 받아 내기 위해 퇴직금 수령 사실을 부인한 것이다. 회사에서 작성한 계약서보다 고용 노동법이 우선으로 적용되다 보니 회사가 퇴직금을 지급하지 않은 것으로 간주됐다. 나는 퇴직금도 주지 않는 부도덕한 사장이 됐고, 고용 노동부 센터에 이 상황을 호소했지만 돌아온 말은 매정했다.

"사장님 억울한 건 알지만 법이 노동자 편이니 저희도 어쩔 수 없네요."

결국 퇴사한 직원들은 이중으로 퇴직금을 챙겼다. 나는 그들과 사이가 돈독하다고 생각했는데, 그들은 나와의 관계보다는 돈을 선택했다. 고용 노동부 센터는 잔인하게도 실적을 위해 직원과 사장을 대질시켰고 우리는 센터의 담당자 앞에서 쌍방의 입장을 확인해야 했다. 어색하고 만감이 교차했던 그 상황이 지금도 생생하다. 법이 도덕을 밟아 버렸다. 상당한 시간이 흐른 뒤 생각해 보면 '얼마나 돈이 아쉬웠으면 그랬을까?' 싶어 이해는 가지만 지금도 나는 그때의 충격을 잊을 수 없다.

| 억을 빌려주고도 배신당할 수 있다 |

모두가 어려웠던 IMF 시절, 나는 오히려 인생 최고의 호황을 누리고 있었다. 회사 매출도 좋았고 금전적으로 부족함이 없었다. 자연스럽게 주변에 선심도 많이 썼다. 지인 중 S라는 은행원 친구가 있었는데, 당시 여러 개의 은행이 부도가 나고 있다 보니 예금 약정 경쟁이 치열했다. 나는 그 친구가 수억 원에 달하는 예적금을 요청할 때마다 흔쾌히 응해 주곤 했다. 그 덕에 S는 승승장구하며 명예롭게 퇴직했고 번듯한 회사까지 운영하게 됐다.

내가 잘나갈 때만 해도 전화하면 바로 달려왔던 그는 내 사정이 어려워지자 연락을 피했다. 내가 파산하고 보험 영업을 하고 있다는 사실이 주변에 쫙 퍼진 모양이었다. 친구의 도움이 절실했던 나는 모든 자존심을 접고 친구에게 연락했고 3개월 후에야 겨우 만날 수 있었다. 그러나 그는 과거에 내가 베풀었던 호의를 기억하지 못하는 듯했다. 나는 그에게 보험 가입을 부탁했지만 이런저런 이유로 거절당하며 참담함을 느낄 수밖에 없었다. 그 친구와는 그날 이후 지금까지도 연락이 끊긴 상태다.

또 한번은 사업이 한창 성공 가도를 달리고 있을 즈음 고향 친구에게 1억 원을 빌려준 적이 있다. 당연히 이자는 없었다. 당시 나는 자금 사정이 좋았고 친구의 어려운 사정을 봐주다 보니 채무를 방치하게 됐다. 시간이 흘러 내가 사정이 어려워져 돈을 갚아 달라고 요청하자 그는 딱 잡아뗐다. 이미 10년이 지난 후라 법적인 절차도 밟을 수 없어 그 돈은 포기할 수밖에 없었다. 눈물 어린 고마움도 시간이 흐르면 휘발되는 모양이다.

| 은행은 잘나가면 천사, 망하면 샤일록이다 |

은행은 친절하고, 정확하며, 늘 우리 주변에 있어 편리한 존재다. 특히 거액 앞에서 아주 친절하다. 나의 사업이 한창 흥해서 하루에도 억 단위의 돈이 입금될 때 은행의 지점장은 물론이고 지역 본부장 등 간부들이 나를 자주 찾아왔다. 그러나 그들은 내 잔고가 비면 언제든 외면할 자들이다. 그들은 돈을 보고 움직이기 때문이다. 사업이 번창할 땐 그토록 친절하지만 사업이 어려워지면 대출 금리를 올리고 변제를 독촉한다. 그래서 은행과 거래 이상의 과도한 친분은 별 의미가 없다. 그들은 뜸하다가도 사업이 조금만 잘되면 언제 그랬냐는 듯 미소를 머금고 제 발로 찾아오기 때문이다.

사장은 언제 닥칠지 모르는 곤궁한 상황을 대비하고 위험을 관리해야 한다. 예를 들면 갑작스러운 도산, 세무 조사, 검찰 조사, 금융 위기 등에 대비한 비상 시나리오를 준비한다. 사장 개인의 독자적인 비책이 필요하다. 예상 시나리오는 반드시 최악의 상황을 염두에 두고 얼음처럼 냉정하게 준비하라. 장갑, 등산화, 바지, 보트까지 철저히 준비하라. 산을 오르게 될지 바다로 나가게 될지 아무도 모를 일이다.

맷집은
하루아침에
만들어지지 않는다

　사업을 하다 보면 많은 고난과 어려움을 맞이한다. 그 과정에서 할 수만 있다면 충돌은 피하고 갈등은 해결하는 것이 최선이지만, 피할 수 없는 주먹에 맞아야 하는 경우도 생긴다. 어쩔 수 없이 맞아야 할 주먹이라면 한두 방 맞아도 쓰러지지 않는 맷집을 키워야 한다. 권투에서 맞는 연습을 하는 이유도 맷집을 키우기 위해서다.

　상대방을 쓰러뜨리기 위해서는 강한 펀치가 필요하지만 대부분의 승부는 맷집에서 갈린다. 상대가 나에게 쉬지 않고 펀치를 날려도 내 맷집이 좋아 쓰러지지 않는다면 상대는 난감할 것이다. 두들겨 맞지 않고 상대를 이길 수 있다면 좋겠지만 긴 인생에 그럴 확률은 낮다. 따라서 한두 대의 펀치, 한두 번의 실패에는 *끄떡없는* 든든한 맷집이 필요하다.

"로마는 하루아침에 이루어지지 않았다."

이 명언처럼 맷집도 하루아침에 만들어지지 않는다. 먼저 작은 펀치에 익숙해져야 한다. 상처받는 말, 작은 실패는 가볍게 넘길 수 있는 습관을 들이는 것이다. 간혹 작은 자극에도 욱하는 사람들이 있다. 욱하는 사람은 결코 오래 버틸 수 없다. 욱하는 사람은 겉보기에는 자기 마음대로 사는 것 같지만 실은 자신의 감정을 쉽게 노출해 남들에게 잘 이용당한다.

| 화를 참고, 통찰하고, 상황을 견뎌라 |

그렇다면 맷집은 어떻게 키울 것인가? 맷집을 키우기 위해서 세 가지가 필요하다.

첫 번째로 필요한 것은 화를 참는 습관이다. 나를 욱하게 만드는 마음속의 폭탄을 억누르는 것이 최선이다. 특히 내가 힘없는 상태에서 화를 내면 오히려 부정적인 대가로 돌아온다. 간혹 스스로의 분에 못 이겨 자해하거나 좋지 않은 선택을 하는 경우가 있는데, 결국 본인에게 불명예를 안기고 최후를 맞이하는 것이다. 이렇듯 한두 수를 앞서는 예측과 판단으로 상황을 참는 것이 맷집을 키우는 첫 단계다.

두 번째로 필요한 것은 상황을 정확하게 파악하는 통찰의 눈이다. 그러기 위해서는 다음과 같은 시각이 요구된다.

'정확하고 사실적으로 볼 것.'

'감정은 빼고 볼 것.'

'타인의 눈으로 구경하듯 볼 것.'

'국면을 넓혀 다른 상황과 함께 거시적으로 볼 것.'

세 번째로 필요한 것은 상황을 기다릴 줄 아는 인내심이다. 당장 뾰족한 방법이 없다면 그 상황을 견디면서 시간을 보내야 한다. 가령 모든 일을 접고 휴가를 떠나는 것도 좋은 방법이다. 이것은 포기가 아니라 인내다. 상황을 지켜보다 보면 오늘 안 보이던 수가 내일은 보일 수도 있다. 한마디로 맷집이란 본질을 보는 통찰과 인내심으로 길러진다. 이는 평소에 갈고닦아야 하는 것이다.

여우처럼 상황을 읽고 사자처럼 대처하라

마키아벨리의 《군주론》에 이런 말이 있다.

"자신의 힘에 근거하지 않은 권력의 명망처럼 취약하고 불안정한 것은 없다."

이 말은 사장에게도 적용할 수 있다. 사장이 돈과 능력이 없으면 직원들은 떠나고 믿었던 동료에게도 버림받는다. 당신은 여우와 사자의 차이를 알고 있는가? 사자는 강하지만 덫에 빠지기 쉽고 여우는 영악하지만 늑대를 물리칠 수 없다. 따라서 덫을 알아차리려면 여우의 지혜가 필요하고, 늑대를 물리치려면 사자의 힘이 필요하다.

일의 본질을 제대로 이해하지 못하면 사자처럼 힘만 발휘할 뿐 상대방의 꼼수를 알아차리지 못한다. 이 세상에는 온갖 부류의 인간 군상들이 존재한다. 선한 사람도 있지만 선한 척하는 이도 있다. 또한 평소에는 선하지만 자기 이익을 위해 돌변하는 이도 있다. 그러므로 사장은 때로는 여우처럼 상황을 읽고 때로는 사자처럼 대처해야 한다.

| 바늘 도둑을 소도둑으로 키우지 마라 |

사장의 주변에는 온갖 유혹이 도사리고 있다. 유혹은 돈, 이성, 명예로 압축된다. 견물생심에 따라 인간의 가장 기본적인 욕구가 자극되면 궤도를 이탈하게 되는데, 이는 비즈니스에서 가장 흔히 저지르는 실수이기도 하고, 또 가장 잘 이용되는 마케팅 수단이기도 하다.

영업이 있는 곳에는 거의 리베이트가 있다. 여기서 리베이트란 불법적인 뇌물뿐만 아니라 물품 대납, 인사 청탁 등 모든 종류의 대가를 의미한다. 특히 구매와 발주 업무가 있는 조직이라면 이를 항상 주의 깊게 살펴야 하고 수시로 점검해야 한다. 일부 기업에서는 자회사에 일감을 몰아주는 일이 논란이 되기도 했다.

모 출판사의 K 부장은 책 제작 담당자다. 편집부에서 제작을 의뢰하면 인쇄 회사와 종이 회사 사이에서 공정을 처리한다. 이때 소량 인쇄와 대량 인쇄에 따라 종이의 단가가 다르게 적용되는데 계산이 매우 복잡하기 때문에 비전문가는 알 길이 없다. 또 종이의 시세도 변동성도 커서 결제 금액이 일정하지가 않다. 쉽게 말해서 K 부장은 마음만 먹으면 부정을 저지르기 좋은 보직을 맡았다. 당시 최고 재무 관리자(CFO)였던 나조차 그의 경험과 전문성에 기댈 수밖에 없었다. 나는 이런 부정을 어렴풋이 의심하기도 했지만 믿고 넘어갔다. 그러다 2년 후 사업이 번창하고 K 부장이 계열사 중한 인쇄 회사의 사장으로 승진하자 결국 일이 터졌다. 그가 상당한 공금을 횡령한 것이다. 초기에 비리를 눈감아 주고 빈틈을 보인 것이 큰 실수였다. 바늘 도둑이 소도둑이 됐다.

| 늘 지켜보고 있다는 착시의 기술 |

부정을 발견했다면 사후 조치가 중요하지만 직원이 몇 없는 중소기업에서 일벌백계식으로 처리하면 남아날 직원이 없다. 그러므로 사후 조치는 현실적으로 생각하고 처리해야 한다. 잘못이 보인다고 무조건 칼을 휘두르는 것보다 내가 충분히 유리할 때까지 기다릴 수 있어야 한다. 욱하는 마음에 직원을 갑자기 내쳤다가 상황이 악화된 사례도 많다.

그렇다고 매일 직원을 감시하고 있을 수는 없다. 사장은 기본적으로 할 일도 많고 능동적인 업무도 산더미다. 그래서 수시로 체크하는 방법이 유용하다. 특별한 기준이 없는 무작위 점검 방식은 생각보다 효과가 좋다. 지적당한 직원은 이러한 불규칙적이고 무작위적인 점검을 겪고 마치 모든 일을 감시당하는 듯한 착각에 빠진다. 그래서 문제를 한두 번 정확하게 짚어 주기만 하면 사장이 시야에 없어도 긴장을 늦추지 않게 된다. 심리적인 착시다. 직원들에게 믿고 맡기는 듯해도 늘 관심을 갖고 있다는 메시지를 수시로 던질 필요가 있다. 상대방을 헷갈리게 하는 허허실실 전략이다.

사람을
믿지 마라,
서류를 믿어라

회사를 경영하다 보면 매일 계약서와 직면한다. 특히 규모가 작은 중소기업은 담당 변호사도 없고 변호사 자문 비용도 부담되다 보니 직접 처리할 일이 많다. 물론 다소 복잡하거나 중요한 일은 자문을 받아 진행하기도 한다. 그러나 특별한 케이스의 계약서는 보안이 필요하기 때문에 종종 측근 변호사에게도 공개하지 않으며, 공개한다고 해도 검토 시간을 충분히 주지 않는다. 그러다 보면 후일 낭패를 보고 후회하는 일이 발생한다.

중소기업에서는 실컷 고생해서 회사를 키웠더니 남 좋은 일만 시키는 경우가 많이 발생한다. 사장의 욕심과 보안에 대한 불안감, 변호사에 대한 불신과 비용을 아끼려는 시도 때문에 후회할 일을 자초하는 것이다.

복잡한 계약서일수록 전문적인 검토가 필요하다. 뿐만 아니라 경영 전략, 노무, 세무 등의 분야 역시 전문 지식을 갖춘 검토가 필요하다. 그러므로 비용이 발생하더라도 반드시 자격 있는 전문가의 감수를 거쳐야 한다. 전문가를 고용하면 오히려 시간도 아낄 수 있고 더 정확하기 때문에 길게 보면 득이다.

또 사장 자리에 있다 보면 개인적으로 돈을 빌려줄 일이 많이 생긴다. 특히 사업이 잘되고 있을 때는 어떻게 소문이 났는지 먼 친척부터 시작해 졸업 후 한 번도 만나지 못했던 초등학교 동창까지 찾아와 사정한다. 이때 당신은 두 가지 중 하나를 선택해야 한다.

먼저 돈을 돌려받을 생각이라면 반드시 종이에 그 기록을 남기고 사인을 받아라. 대출 기간이 짧든 길든 상관없다. 실제로 이런 경우가 생기면 급하다는 이유로 서류를 남기지 않는 경우가 대부분이다. 빌려주는 입장에서도 주로 친한 지인들의 요청이고 빌려주는 기간도 짧으니 서류를 불필요하게 느끼는 것이다.

그러나 돈은 마음먹은 대로 제 날짜에 돌아오는 경우가 거의 없다. 시간이 지나면서 당사자가 시치미를 떼는 어이없는 경우도 발생한다. 결국 나중에 후회하는 건 오롯이 빌려준 자의 몫이다.

계약서를 작성할 필요가 없는 경우는 딱 하나다. 상대방에게 말로는 빌려준다고 하지만 사실 받을 생각을 하지 않는 경우다. 주로 과거의 신세를 갚는 보은의 마음이다. 이런 경우라면 마음속으로 돈 받을 생각을 확실히 포기해야 후일 마음이 편할 것이다.

| 계약은 불신을 전제로 한다 |

계약은 두 가지 불신을 전제로 이뤄진다. 상대방에 대한 불신과 빌려주는 당사자의 기억력에 대한 불신이다. 성경에서도 계약이 340여 차례 나오고 심지어 하느님과도 계약을 맺는다. 이유야 어찌 됐든 계약은 약속의 가시적인 징표다. 인간은 망각의 동물이고, 마음은 변하기 때문이다.

사회생활에서도 수많은 계약서를 작성하고 서명을 한다. 그런데 한국의 문화는 계약서가 단지 형식임을 강조하고, 계약 내용을 꼼꼼히 확인하는 행동을 미안해하는 경향이 있다. 그러나 문제가 불거지고 법정 다툼으로 이어질 때 가장 확실한 증거물은 계약서라는 걸 확실히 인식해야 한다.

계약서는 파티 케이크 속에 감춰진 면도날 같은 것이다. 축제가 성공리에 마무리되고 케이크가 장식으로 잘 보전된다면 면도날의 존재조차도 모를 테지만, 케이크를 가르는 순간 그 날카로움이 드러난다. 그 날카로움에 자칫 회사가 도산할 수도 있고 그 여파로 평생을 가난으로 지낼 수도 있는 것이다. 그러므로 계약서를 작성할 때는 정신을 바짝 차려야 한다. 최악의 경우를 상상하며 문서를 꼼꼼히 살펴라. 가능하면 미리 받아서 전문가의 확인을 받는 게 바람직하다. 물론 아무렇지 않은 듯 호기를 부리는 포커페이스도 필요하다. 그러나 최후의 승자는 얼굴은 웃고 있어도 매의 눈으로 계약서를 살피는 자임을 잊지 말아야 한다.

말을
믿지 마라,
정황을 믿어라

나는 가끔 내가 연극배우 같다는 생각이 들 때가 있다. 예컨대 각종 만남에서 상대방의 입장을 충분히 배려하고 칭찬, 존경, 찬사를 보내며 상대방이 싫어할 만한 말은 목 언저리에서 멈출 때다. 사람들은 이걸 배려, 예절, 에티켓, 인내 등으로 에둘러 표현한다. 나쁘다는 뜻은 아니다. 소설가 박형서는 그의 첫 산문집 《뺨에 묻은 보석》에서 "좋든 싫든, 우리 모두는 어느 정도 두께의 콩깍지를 통하지 않고서는 참으로 농밀한 사랑스러움과 마주칠 수 없다"라고 했다. 이런저런 배려로 우리 인류의 문화가 성숙해 왔다는 것도 부정할 수 없다. 하지만 상대방의 정제되고 달콤한 말이 모두 진실이라면 모든 사람이 선하고, 그들과의 우정도 영원하고, 비즈니스 약속도 어김없이 지켜졌어야 했다. 현실은 다르다. 술자리에서 입이 마르도록 칭찬하고 자주 연락하자고 몇 번이나 말했건만 몇 년 동안 소식이 끊긴 친구도 있을 것이다. 어쩌면 사는 게 연극이다.

| 누가 아군이고 누가 적군인가 |

사람을 어디까지 믿어야 할까? 나는 실패를 겪고 10년 친구, 30년 친구, 이보다 더 오래되고 가까운 친구에게까지 배신당했다. 그래도 아직까지 사람을 잘 믿는다. 원래 사람을 선하게 보는 나의 천성일 수도 있고, 판단하기 귀찮아서 그냥 믿어 버리는 습관일 수도 있다.

하지만 실패의 원인이 대부분 사람에서 오니 사람에 민감할 필요는 있다. 특히 사업에서는 그렇다. 그렇다면 사람의 무엇을 믿어야 하나? 그가 한 말보다 그의 행동을 믿는 게 좋다. 말을 믿지 말고 정황을 믿어라. 말에 대한 결과, 즉 행동의 앞과 뒤를 살펴라. 예컨대 우리 집 강아지는 먹이 주는 것, 쓰다듬는 사랑의 손길에 민감하다. 먹이를 주고 쓰다듬는 손길이 있다면 1초의 망설임도 없이 그쪽으로 향한다. 그만큼 감각적이다. 우리 인간도 마찬가지다. 그의 말보다 감각의 움직임을 통찰해야 한다.

살면서 적군과 아군을 확실히 구분해야 할 때가 있다. 일이 잘 풀릴 때는 구태여 구분할 필요가 없다. 청탁을 하러 찾아왔든 돈을 빌리러 왔든 결국 내 주변을 서성이는 사람은 나의 팬들이고 그들의 존재가 간접적으로 나의 위상을 증명해 준다. 이런 북적임, 입소문, 댓글이 나의 사업을 더욱 빛나게 해 줄 것이다.

그러나 사업이 쪼그라들 때는 그 반대다. 비즈니스에서 만남은 곧 돈이다. 잘나갈 때는 식사비, 술값이 하찮은 푼돈이지만 몰락의 국면에서는 큰 부담이다. 없는 돈으로 폼 잡으려면 그 또한 고통이다. 이때는 사람도 가려서 만나야 한다. 주로 나에게 우호적인 사람만 만나게 되는데, 아군과 적군 중 아군만 가려 만나는 것이다.

간혹 고생해서 어렵게 성공한 사람이 유난히 자기 사람들만 챙기는 것도 이 때문이다. 어려울 때 아군과 적군을 구분하는 습성이 성공 후에도 이어진 것이다. 물론 이런 태도는 성공한 뒤에는 버리거나 감춰야 한다.

| 성공하면 반드시 적이 생긴다 |

1등에게는 반드시 적이 존재한다. 경쟁 과정에서 당신에게 악플을 달거나 해코지를 하며 덤벼드는 사람이 없다면 그건 당신이 아직 1등이 아니기 때문이다. 당신을 견제하고 따라오는 자들 중에는 꼭 야비한 사람이 존재한다. 당신을 잘 알지도 못하면서 무턱대고 질투하는 사람도 있다. 어느 마피아 단원은 이렇게 말했다.

"성공의 사다리 위로 올라가는 당신의 스웨터 셔츠 등짝에는 늘 사격 표지판이 하나 붙어 있다. 당신이 사다리를 타고 올라가는 순간부터 어딘가에는 당신의 실패를 염원하며 당신의 등짝을 겨누는 자들이 있다."

이렇듯 사업을 하다 보면 본인의 의지와 상관없이 구설에 오르고 적들에게 둘러싸일 때가 있다. 특히 성공 가도를 달리는 순간 시시비비와 상관없이 질투하는 자들이 반드시 생긴다. 그래서 미리 적과 아군을 판단해 둬야 한다. 그렇지 않으면 나중에 혼란을 겪는다.

사람들은 본능적으로 나를 도와줄 사람을 목록으로 정리해 두곤 한다. 그렇지만 일상에서 함부로 연락하기는 꺼린다. 비장의 무기로 남겨 두고 싶은 것이다. 그러나 이것이 비장의 무기인지, 과일 깎는 칼에 불과한지는 실제로 써 봐야 알 수 있다. 내가 어려울 때 단돈 100만 원이라도 빌려주는 사람, 일부러 시간을 내서 위로의 말 한마디를 건네는 사람이 진짜 비장의 무기다. 나머지는 쨍쨍한 햇빛만 바라보는 해바라기 같은 존재들이다.

"최 사장! 파산했다면서. 쯧⋯. 내가 뭐 도와줄 거 없나? 자주 연락할게요."

상대방이 이렇게 말해 줘도 그 뒤 내 전화를 피한다면 그의 말은 거짓이다. 힘든 사정을 뻔히 알면서 말로만 위로하고 자기 자랑에 열을 올리는 친구는 더 이상 친구가 아니다. 그는 당신을 구경하는 구경꾼일 뿐이다. 그러니 말을 믿지 마라. 정황을 믿어라.

아군 적군
구분하기를
망설이지 마라

거의 부도 위기에 몰린 K 사장이 나에게 상담을 요청했다. 자기가 잘 아는 선배가 있는데 주변에 투자 인맥도 많고 본인도 여유가 있어 보인다며 그에게 도움을 청해도 될지 고민이라는 것이다. 그가 선배에게 연락을 망설이는 이유는 그동안 아껴 둔 인맥이고, 좋은 선후배 관계를 불편하게 만들고 싶지 않기 때문이라고 한다. K 사장은 혹시라도 거절당하면 선배와의 관계가 끊어질까 우려했다. 나는 단호하게 말했다.

"당신이 여기서 끝나면 그런 인맥도 아무 소용 없습니다. 그가 당신의 부탁을 들어주면 좋고, 거절하면 그에 대한 기대를 접고 다른 데 집중할 수 있을 테니 편안한 마음으로 부탁하세요."

지금 어려움을 겪고 있는 분들에게 나는 감히 권한다. 상대가 아군인지 적군인지 시험하는 걸 망설이지 마라. '하늘은 스스로 돕는 자를 돕는다'는 말이 있다. 도움을 요청하지 않는 자, 손을 뻗지 않는 자에게는 세상 아무도 도움을 주지 않는다.

대개 사람들에게 타인의 어려움은 구경거리에 불과하다. 그러니 당신이 어려움에 처하게 되면 그를 시험에 들게 하라. 적절한 타이밍에, 적절한 부탁을 적극적으로 하라. 혹여나 거절당할까 두렵고, 다음에 더 큰 도움을 부탁할 수 있지 않을까 싶어 망설이겠지만 전혀 그럴 필요 없다. 지금 이 순간 당신의 위기를 해결하는 것이 우선이다. 하루라도 빨리 그가 천사인지 구경꾼인지 파악하라. 괜히 시험을 미뤘다가 훗날 중요한 순간에 헛발질을 하게 된다. 만약 그가 상황이 여의치 않아 어쩔 수 없이 거절한다면 그가 거절할 때 보이는 태도를 기억하라. 그래야 다음에 다시 부탁해도 될 사람인지 아닌지가 정해진다.

| 오늘의 동료가 내일은 적이 되는 세계 |

누가 적인지 명확히 알 수 없는 상태에서 보이지 않는 적을 상대해야 할 때가 있다. 눈앞에 확실히 보이는 적들은 명확하게 대응이 가능하다. 하지만 눈에 보이지 않는 불특정한 자들의 시기와 질투는 어느 방향으로 튈지 모르기 때문에 사전에 관리하는 것이 중요하다. 흔히 큰 성공이나 업적을 이뤘을 때 많이 나타나는데, 이를 구분하려면 퍽 정교하고 민감한 촉이 필요하다. 기회가 될 때마다 주변 사람들의 언행일치 여부를 판단하고 정황으로 퍼즐을 맞춰라.

이런 일은 마피아나 조폭들이 잘한다. 영화 〈대부〉를 보면 짧은 시간에 생사가 결정된다. 이들의 세계에는 법정 다툼에 필요한 증거 따위는 중요하지 않다. 비즈니스 세계도 이와 유사하다고 생각한다. 상대방에게 내 편이라는 증거를 요구할 수 없기 때문에 정황을 판단하는 일이 중요하다.

잘나가는 기업의 사장들이 쓸데없는 모임에 과도하게 돈을 쓰는 이유가 있다. 성공자의 잔칫상에는 으레 파리가 몰려들기 마련이다. 그러나 파리채를 잘못 휘두르면 잔치 분위기만 망친다. 모든 파리를 다 잡을 수는 없다. 적당한 부채질로 내쫓는 게 최선일 수도 있다.

언제 어디서든 적은 있다. 그렇지만 적이라고 해서 단호하게 연락처를 지우지 말고 혹 연락이 오면 친절히 대해 줄 필요가 있다. 적당한 부채질이다. 동시에 미지근하고 어중간한 자들을 내 편으로 끌어들이는 노력도 기울여야 한다. 양다리를 걸치는 치사한 자들일수록 가까이 두고 관리해야 탈이 덜 나는 법이다. 드물게는 그가 마음을 바꿔 적극적으로 내 편이 돼 주기도 한다. '적들은 규칙적으로 만나야 하고, 진짜 친구는 생각날 때 만나는 것'이라는 우스갯소리도 있지 않은가.

주의해야 할 점은 내가 그를 적으로 생각하고 있다는 사실을 결코 드러내서는 안 된다는 것이다. 특히 동종업계의 모임은 더욱 주의하라. 그들은 주의 깊게 동태를 살펴야 할 친구이자 경쟁자다. 함께 골프 치고 술 마시며 친하게 지내고는 있지만 내가 무너지면 바로 나의 자리를 꿰차고 나의 손해만큼 이득을 얻는 자들이다. 물론 반대로 그들이 쓰러지면 그만큼 내 몫이 커지기도 한다.

박형서 작가는 《뺨에 묻은 보석》에서 이렇게 말했다.

"우리는 매번 어디론가 떠나고 돌아온다. 하지만 여행 전의 시간과 돌아온 시간이 다르듯 돌아온 우리는 떠날 때의 우리가 아니며, 돌아온 곳도 떠날 때의 그곳이 아니다."

자주 만난다고 다 친구가 아니다. 또 지금 친구라고 해서 20년 뒤에도 친구라고 단언할 수 없다. 나도 변하고 그도 변하고 상황도 변하기 때문이다.

믿음의
함정에
빠지지 마라

동양 문화에서는 전통적으로 믿음과 의리를 유난히 강조한다. 내 주변의 사장들은 "믿음이 안 가면 아예 쓰지를 말고, 한번 믿었으면 의심하지 마라"라는 말을 즐겨 한다. 믿음과 의리를 중요시하는 사회적 관행은 오늘날까지도 훌륭한 조직 관리의 덕목으로 이어지고 있다. 그러나 상황에 따라 변하고 움직이는 것이 인간의 마음이다. 그래서 사람이 모인 곳에는 항상 믿음과 그로 인한 위험이 공존한다. 그러니 믿음의 함정을 조심하라.

특정 인물에게 전적으로 의존하는 '치중된 믿음'

"김 이사가 우리 회사 실세입니다. 하하. 거의 모든 일은 이 친구가 다 합니다."

중소기업에 방문할 때 흔히 사장이 직원을 소개하는 단골 멘트다. 중소기업에는 보통 사장이 전적으로 믿고 맡기는 핵심 인물이 있다. 하지만 믿음이 도를 넘어서면 직원이 사장을 대신해 버리는 경우가 발생하고, 이것이 관행으로 굳어지면 사장의 리더십에 문제가 생긴다. 권한이 어설프게 위임되고 사달이 나는 것이다. 급기야 사장조차도 함부로 건드리지 못하는 존재로 부상해 그와 관련된 인사권도 행사할 수 없고 지시할 때조차 눈치를 봐야 하는 상황에 이른다. 사장이 직원을 겁내는 지경에 이르면 한마디로 '망조'다.

사실 사장 입장에서는 특정 인물을 전적으로 믿고 의존하는 것만큼 편한 것도 없다. 그러나 사장의 전적인 신뢰를 악용하는 사례도 있다. 대체로 성격이 좋고 착한 사장일수록 직원에게 휘둘릴 확률이 높은데, 이때 사장이 업무 지식까지 부족하면 회사는 직원의 놀이터가 되고 만다. 이런 직원은 믿음을 담보로 자신의 영향력을 최대한 높인다. 앞서 언급한 실세라는 직원도 처음부터 핵심 인물은 아니었을 것이다. 사장이 믿어 주고 일을 잘 처리하다 보니 전권을 행사하기에 이른 것이다.

이 상황은 그 직원이 돌 하나만 건드리면 무너지는 사상누각의 조직이 된 것과 같다. 그러므로 회사에서는 모든 권한이 사장의 지휘권 내에 있어야 한다. 이때 사장이 가장 염두에 둬야 할 것은 믿었던 직원의 배신이다.

너무 오래 믿어서 생기는 '방치된 믿음'

두 번째는 방치된 믿음에 따른 함정이다. 한 가지 일을 계속하다 보면 숙

달되기 마련이고, 사장의 입장에서는 일을 잘하는 직원에게 믿음이 갈 수밖에 없다. 또한 특정 직원에게 자율적으로 업무를 맡기면 효율성, 수월성, 편의성 등의 장점이 생겨 그에게 계속 그 일을 맡기게 된다. 하지만 인간은 한 가지에 익숙해지면 매너리즘과 부패에 빠질 위험이 있다. 또한 특정 인물이 권한을 장기간 독점하면 필연적으로 권한이 커진다. 그러다 보면 회사는 자연스럽게 업무 개선, 혁신과 멀어지고 해당 직원은 비정상적인 판단을 내릴 가능성도 커진다. 고임 현상의 부작용이다.

시대를 불문하고 뉴스에 심심찮게 나오는 정치 권력 기관의 측근 비리나 권력 남용도 그렇고, 중소기업에서 경리, 총무, 비서의 장기근속으로 생기는 부정도 다 방치된 믿음의 결과다.

이에 대한 조치 중 하나가 바로 순환 보직이다. 군인, 대기업 임원, 은행 지점장, 사법부의 판사, 검사 등 고위 직군에서 흔히 볼 수 있는 제도다. 특히 대기업 그룹 인사에서는 전공과 무관하게 보직 이동을 시키기도 한다. 업무 효율성보다 투명성과 부패 방지, 사병화 견제에 더 무게를 둔 조치다. 특히 고위직일수록 아무도 예상하지 못하게 인사이동 명령을 내리는 등 강력하게 실천하고 있다. 담당 직원을 교체하기 힘들다면 담당 팀장을 교체해 최소한의 물갈이를 한다. 이도 저도 어렵다면 장기 휴가를 보내고 대체 인력을 투입해 시험 기간을 갖기도 한다.

다만 잦은 인사이동이나 보직 변경은 조직의 충성도를 약하게 만든다. 특히 하위직, 전문직일 경우가 그렇다. 그래서 이를 염두에 두고 장기 근속제, 연고지 복무제를 실시하기도 한다.

믿음의 크기가 다른 '믿음 간의 갭'

세 번째는 믿음 간의 갭으로 인한 함정이다. 사장이 직원에게 믿음을 강요한 경우다. 통상 카리스마 강한 사장들은 자기 확신이 강한 편이다. 그래서 직원에게 자기 의사를 강하게 밀어붙인다. 이 경우 직원은 사장의 권위에 눌려 사장의 말에 따른다. 사장은 직원이 자신의 말을 따르는 것을 보고 '직원들이 나를 믿는다'고 확신한다.

이런 잘못된 믿음은 평소에는 문제가 되지 않으나 회사가 어려워지면 문제로 드러난다. 직원이 등을 돌리는 것이다. 직원의 입장에서는 평소에 생각했던 대응이지만 사장은 이를 배신으로 여기며 분통을 터트린다. 사실 사장만 그렇게 믿었을 뿐 직원은 처음부터 사장을 믿지 않았다. 사장의 일방적인 착각으로 만들어진 믿음이다.

인격과 능력을 동일시하는 '믿음의 착시'

네 번째는 인간성과 능력을 동격화한 믿음의 착시다. 인간성이 좋은 것과 능력이 탁월한 것은 분명 별개다. 그런데 사장들은 가끔 이를 같은 것으로 여기다 화를 부른다. 혹자는 "사람 됨됨이, 인격이 먼저다. 그다음이 능력이다"라고 이야기한다. 믿을 수 있는 사람이어야 일을 맡길 수 있다는 말이다. 이상적인 이야기지만 자선 단체라면 모를까 사업에서 요구되는 것은 인간성보다 능력이다.

사업 현장은 인격과 능력을 두루 갖춘 인재에 매달릴 만큼 한가롭지 않다. 찾기가 힘드니 인격과 능력을 별개로 두고 사람을 고용한다. 그러다 보면 인격과 능력을 동일시하는 혼동이 발생한다. 인간성은 별로지만 일은 잘하는 경우, 처음에는 능력만 믿다가 훗날에는 '그는 믿을 만한 사람'이라고 인격까지 과대평가한다. 그러다 보면 그가 콩으로 팥죽을 쑨대도 신뢰하게 된다.

종합하면, 조직의 근간은 믿음이다. 하지만 그 믿음은 필터링된 믿음이어야 한다. 직원을 믿고 일을 맡겨야 하지만 그의 능력과 신뢰도는 반비례할 수도 있다. 사람은 컴퓨터가 아니므로 완벽할 수 없다. 평소 선한 사람도 가끔 악하게 행동할 수 있다. 강한 사람도 때로는 갈대와 같이 연약해질 수 있고 탁월한 능력자도 가끔은 실수한다. 그러니 인간관계에서 순혈의 믿음을 고집하지 않았으면 좋겠다.

믿음은 여러 가지 작은 욕망 조각들의 합이다. 단단한 황금 덩어리가 아니라 작은 사금들이 합쳐진 것이다. 그러므로 믿음은 발견하는 것이 아니라 쌓아 가는 것, 즉 사금으로 황금 덩어리를 만드는 것이다. 또한 믿음은 쇼핑이 아니라 저축이다. 믿고 맡기되 그가 하는 일에 관심의 끈을 놓지 말아야 한다. 결국 믿음은 믿을 만한 사람을 찾는 게 아니라, 믿을 사람을 만들어 가는 것이다.

사장에게
모험이 필요한 순간은
언제일까

　흔히 익숙하지 않은 일을 추진할 때면 두려움이 느껴진다. 사업은 끝없이 밀려오는 파도타기 같은 것이다. 그러나 수많은 고비에도 사장들이 사업을 계속하는 이유는 두려움 뒤에 찾아오는 성취감 때문일 것이다. 큰 도전에는 반드시 위험과 두려움이 있고 그 성취감 또한 크다. 우리는 이것을 모험이라고 부른다. 히말라야를 완등한 한왕용 대장은 한 인터뷰에서 이런 말을 했다.

　"엄밀히 말하면 모험의 본질이 사라졌다. 인공위성의 일기 예보 자료를 살 수 있고, 등산 장비의 기능성도 좋아졌다. 돈만 내면 전문 산악인이 달라붙어 산소마스크를 씌운 일반 고객을 에베레스트산 정상까지 올려 줄 수 있게 됐다. 나의 능력은 노멀 루트로 올라가는 것, 거기까지였다. 당시 어떻게 올라가느냐의 과정을 중시하는 '등로주의' 바람이 불었다면 나는 산악인 축에 끼지 못했을 것이다."

안전벨트를 감고 뛰어내리는 번지 점프는 짜릿하긴 하지만 목숨을 담보로 하지 않듯이, 정해진 루트를 따라가는 등반은 비록 히말라야라 할지라도 성취감이 반감돼 진정한 도전으로 보기 힘들다는 이야기다. 도전이란 어려운 일, 본인과 남들이 지금까지 한 번도 해 보지 않은 일에 다가서는 것이다. 그리고 자신의 잠재 능력을 최대한 발휘해 전력 질주하는 것이다. 이것이 역사적 탐험가들이 말하는 도전이다.

이들에게 도전이란 정확하게 이야기하면 '모험'이다. 모험이라는 말에는 성공 확률이 낮다는 의미가 포함됐다. 그래서 모험에는 언젠가 끝이 있다. 모험가들은 끝없이 도전하려는 속성 때문에 죽음과도 가깝다. 실제로 수많은 산악인과 탐험가가 새로운 모험을 반복하다가 낯선 땅에서 죽음을 맞이했다.

| 프로는 도전과 모험을 혼동하지 않는다 |

모험은 분명 위대하고 가치 있다. 그들의 목숨을 건 모험의 공과(功課) 덕분에 오늘날 우리가 이 땅에서 풍요를 누리고 있는지도 모른다. 하지만 경영에서는 도전과 모험을 구분할 줄 알아야 한다. 그리고 가능하면 무모한 모험은 피해 가야 한다. 피할 수 없는 모험이라면 성공 확률을 높여야 한다. 충분한 데이터 분석, 치밀한 계산, 다양한 전략을 준비해서 모험을 도전으로 바꾸는 노력이 필요한 것이다.

IMF가 마무리되던 2000년도 초에 내가 대표 이사로 있던 ㈜한국교육미디어는 매출 최고치를 경신하며 성장 일로에 있었고 자금 사정도 넉넉했다. 당시에 나는 강남 대치동 사거리에 있는 한 빌딩이 200억 원대 매물로 나왔다는 부동산 업자의 연락을 받고 분양 사업을 시작할지 고민하고 있었다. 200억 원 중 일부만 투자하면 나머지는 대출을 받을 수 있고 3년 내 100억 원의 수익을 얻을 수 있다는 전문가의 의견을 듣자 나는 갈등에 빠졌다.

결국 나는 빌딩을 사지 않기로 했다. 중소기업에서 3년 동안 꾸준히 안정적인 매출과 수익을 최대치로 예상한다는 게 지극히 위험했기 때문이고, 분양 사업은 처음 해 보는 일이라 불안감이 컸다. 그리고 마지막으로, 혹시나 빌딩을 매입하고 자금 운용에 차질이 생기면 지금까지 했던 모든 노력이 물거품이 되지 않을까 하는 두려움이 있었다. 결국 나는 기존의 사업에 충실하기로 했고 3년 후 계획대로 코스닥에 성공적으로 진입할 수 있었다. 물론 한편으로는 그때의 복권 같은 기회가 아쉽기는 하다.

일본의 전설적인 검객 미야모토 무사시는 29세까지 60여 차례의 진검승부에서 단 한 번도 패한 적이 없는 인물이다. 그는 29세 이후부터 다른 유파와 검술 시합을 벌이지 않았다. 그가 무패 기록을 전설로 남길 수 있었던 이유는 떨어지는 체력을 감지하고 언젠간 다가올 칼끝을 피해 결투를 멈췄기 때문이다.

단언할 수는 없지만 그에게도 분명 도전의 충동이 찾아왔을 것이다. 하지만 그는 더 이상의 도전은 무모한 모험이라는 것을 감지했다. 다음 승부에서 60승 무패 기록이 깨질 것이라 생각한 것이다. 진정한 프로는 끝없는 도전이 아니라 끝 있는 도전을 한다. 도전을 멈출 때를 아는 사람이 진정한 프로다.

경영에서도 도전을 멈추는 것에 대한 아쉬움은 항상 존재한다. 스타트업에서 성공한 많은 기업이 10년 이상 유지되는 장수 기업이 되지 못하는 가장 큰 이유는 도전과 모험을 혼동하기 때문이다. 언젠간 망할 모험을 반복하다가 결국 정말로 망한다. 통상 도전이 거듭해서 성공으로 이어지면 모험조차도 별것 아니게 보이기 시작한다. 그러나 도전과 무모한 모험은 출발점이 같아도 도착점은 확연히 다르다. 전자의 끝은 성취, 후자의 끝은 몰락이다.

사장에게 모험이 필요한 순간이 딱 한 번 정도 있다. 이 모험을 하지 않으면 모든 것을 잃게 되는 불가피한 경우다. 탐험가에게 모험은 필수지만 경영자에게 모험은 어쩔 수 없는 최후의 선택지가 돼야 한다.

프로는
실력을
증명하는 사람이다

"네가 하고 싶은 일 맘껏 하면서 살라"라는 말은 흔히 어른들이 기죽어 있는 젊은이들에게 용기를 북돋워 주기 위해 하는 말이다. 참 좋은 말이다. 이런 말을 들으면 없던 용기도 불끈 생긴다. 그러나 항상 할 수 있는 말은 아니다. 상당히 비현실적이고 성공 확률이 적은 덕담일 수 있기 때문이다. 워런 버핏은 이와 관련해서 이런 말을 했다.

"능력의 범위를 알고 그 안에 머물러라. 범위의 크기는 그다지 중요하지 않다. 중요한 것은 범위의 경계를 아는 것이다."

능력 안의 일은 훌륭하게 해낼 수 있지만 능력 밖의 일은 잘 모르기 마련이다. 그러므로 내가 어떤 재능이 있는지 알아내는 것이 중요하다. 능력 밖에서 행복을 추구하면 헛발질만 하다가 인생이 끝날 수도 있다.

현실적으로 말하면 먼저 주어진 일을 잘해야 하고, 그다음은 해야 할 일을 잘해야 한다. 그리고 맨 마지막으로 자기가 하고 싶은 일을 해야 한다. 가장 어리석은 선택은 가진 것 없고 능력은 되지도 않으면서 하고 싶은 일만 추구하는 것이다.

그러나 아무 때나 자기 하고 싶은 일을 하는 게 아니다. 종종 자녀들에게 아무 조건 없이 하고 싶은 일 맘껏 하고 살라며 방임하는 경우가 흔히 있다. 필요한 말이긴 하지만 실용적인 조언은 아닌 듯하다. 이것은 마치 준비되지 않은 아마추어 댄서에게 무대복만 입혀 카네기 홀에 내보내는 것과 같은 방임이다. 엄청난 비극의 시작을 알리는 전조다. 열정과 용기만 믿고 실현 가능성이나 조건을 따지지 않는 것은 용기가 아니라 만용이다.

| 상황이 불리하면 자세를 낮추고 힘을 길러라 |

욕구를 충족하기 위해 자유롭게 표현하는 것은 어느 정도 여건이 갖춰졌을 때, 힘이 있을 때 해피 엔딩을 맞이할 수 있다. 준비되지 않은 약자의 용기는 죽음으로 이어지거나 도전해 봤다는 기록만 남을 뿐이다. 잠시 행복할 수 있지만 한 사람의 인생을 망가뜨릴 수 있다. 과거에 총도 제대로 쏠 줄 모르면서 전장으로 내몰린 학도병들을 기억하는가. 그들은 단지 용감했다는 평가를 받고 무명용사비에서나 기억될 뿐 모두가 입을 모아 영웅이라고 말하지는 않는다. 영웅은 전공(戰功)이 있어야 하고, 살아남아야 빛을 발한다. 한여름 밤에 형광등으로 몰려드는 불나방에게는 형광등 밑에 수북이 쌓인 주검의 무더기가 보이지 않는다.

"패가 나쁘면 죽어라."

포커 게임에서 흔히 하는 말이다. 자기 패만 보고 게임에 몰두하는 것은 하수다. 모든 일은 상대적으로 판단할 수 있어야 한다. 상황이 좋지 않으면 물러설 줄도 알아야 한다.

무모함과 승부수는 구분돼야 한다. 무모함은 생각 없이 용기 하나로만 지르는 것이고, 승부수는 철저한 기획으로 다져진 준비와 노력이 어우러지는 것이다. 뭔가 하고 싶은 게 있다면 힘을 기르고 확률을 높인 뒤 내질러야 한다. 그래야 고생도 덜하고 성공 가능성도 높다. 패가 나쁜데 죽지 않는 것은 승부수가 아니라 무모함이다.

바둑에서 세고취화라는 말이 있다. 전세가 불리하면 화평을 취하라는 뜻이다. 자칫 비겁하고 약해 보일 수 있지만 내가 약할 때는 넘쳐 나는 열정과 희망을 잠시 눌러 줘야 한다. 욕망을 추스르고 세상과 화평을 취해야 한다. 자세를 낮추고 시간을 벌면서 힘을 길러야 한다. 실력도 준비도 되지 않으면서 경험이나 쌓자고 도전하는 사람들이 흔히 있다. 자칫 잘못하면 힘만 낭비하고 금세 지쳐 의욕도 잃고, 그나마 갖고 있던 스스로에 대한 신뢰마저 잃는다.

| 사장은 회사를 책임지는 프로다 |

프로는 경험을 쌓기 위해 무대에 서는 사람이 아니다. 실력을 보여 주기 위해 무대에 서는 사람이다. 프로는 연습하는 사람이 아니라 뭔가를 증명하는 사람이다. "저 사람과 친하지만 일은 같이하고 싶지 않아"라든가 "저 사람이 한 일은 반드시 다시 확인해 봐야 해"라는 평가를 듣는다면 그는 프로가 아니다. "저 사람 성격은 좀 까칠해도 일 처리 하나는 깔끔해. 믿을 수 있어"라는 평을 듣는 사람이 진정한 프로다. 일 처리의 완결성이 프로의 조건이다. 그러자면 불필요한 동작은 줄이고 일도양단해야 한다. 이 세상에 당신의 경험이나 쌓으라고 자기의 소중한 자산이나 프로젝트를 맡기는 사람은 아무도 없다.

특히 사장은 크든 작든 회사를 책임지는 프로다. 이런 프로가 경험을 쌓자고 어설프게 무대에 오른다면 어떻게 될까? 실수라도 한다면 직원들은 희생자가 될 수밖에 없다. 가끔 사장 중에 "경험 삼아 해 보고 안 되면 말지"라고 말하는 이가 있는데, 사업은 연습이 아니라 실전이다. 당신이 쥔 것은 공포탄이 아니라 실탄이다. 모든 기회는 단 한 번이고 이 순간은 다시 오지 않는다.

실패했다가 다시 성공하면 스릴 있는 경험이 되지만, 한번 실패하면 되돌리기 어렵고 일어서기도 힘들다. 그래서 웬만하면 실패하지 말아야 하며 가능하면 작은 실패로 그치는 게 좋다. 무슨 일이든 시작할 때는 성공 확률이 높은 쪽으로 움직이는 프로가 돼야 한다. 최고가 되고 싶은 바람과 꿈도 분명 중요하지만 아무 때나 자기가 하고 싶은 일을 시도하면 다칠 확률이 높다. 자칫 남의 성공에 박수나 치는 들러리로 그치거나 다시는 일어설 수 없는 바닥으로 떨어질 수도 있다.

사장의 시간은
두 방향으로
흐른다

시간의 가장 큰 특징은 휘발성이다. 시간이 흐르면 황량한 들판이 빌딩 숲으로 변하기도 하고 화려한 도심이 퀴퀴한 골목이 되기도 한다. 한마디로 시간은 상전벽해의 주역이다. 인간관계도 그렇다. 초등학교 우정이 성년까지 가는 경우가 몇이나 될까? 아무리 깊은 우정도 세월이 흐르면 변하기 마련이다. 다시는 보지 않을 줄 알았던 원수와 가까이 지내는 경우도 있고, 지금은 정답게 지내는 절친과 미래에 원수가 되지 않는다는 보장도 없다. 시간은 모든 것을 희석하고 슬그머니 휘발해 버린다.

시간의 두 번째 특징은 평등성이다. 부자건 빈자건, 노인이건 어린아이건 하루에 주어진 24시간은 동일하다. 이것이 시간의 위대함이다. 조직을 이끌어 가는 사장은 이런 시간의 휘발성과 평등성을 기초로 조직과 개인의 시간을 연결해 사장의 시간을 만들어 가야 한다.

　사장의 시간은 현재 시간과 미래 시간으로 나뉜다. 현재 시간은 지금 상
태를 유지하는 시간으로, 매출을 일정하게 내고 당면한 문제를 해결하는
시간이다. 말 그대로 지금의 회사를 유지하기 위해 쓰는 시간이다. 미래 시
간은 기회를 추구하는 시간으로, 미래의 흐름을 읽고 향후의 방향과 새로
운 성장 동력을 찾는 시간이다. 즉 미래 먹거리를 찾는 시간이다. 큰 회사
일 경우 연구소나 별도의 TF팀을 구성해 조직적으로 미래를 살펴볼 수도
있다.

　그렇다면 현재 시간과 미래 시간의 이상적인 비율은 어느 정도가 적정할
까? 중소기업은 사업 초기에 현상 유지를 위한 현재 시간이 거의 100퍼센
트다. 회사가 하루하루 매출에 목숨을 걸고 있는 상황에서 당연히 사장은
현재를 관장해야 한다. 하지만 점차 매출에 여유를 찾고 어느 정도 궤도에
들어서면 권한을 위임해서 현재 시간에 할애하는 비중을 낮출 수 있다. 그
리고 미래 시간의 비중을 80퍼센트까지 높여야 한다.

| 현재와 미래를 적절하게 통제하라 |

　현재 시간과 미래 시간에서 교차하는 또 하나의 개념은 시간에 대한 자
기 통제력이다. 세계적인 시간 관리 전문가 앨런 라킨은 그의 저서 《시간을
지배하는 절대법칙》에서 시간 관리의 핵심을 '컨트롤(Control)'이라는 개념으

로 설명했다. 그가 말하는 컨트롤은 여러 면에서 자유롭고 부드러운 근육의 상태와 비슷하다. 그것은 도를 지나쳐 너무 꽉 죄지도 않고, 한편으로 너무 느슨하지도 않게 시간과 인생을 컨트롤하는 것이다. 이런 종류의 컨트롤은 사람들이 무언가를 해내게 하고 유연하고 자발적으로 움직이도록 한다. 균형이자 중용이다.

그는 시간 관리에서 피해야 할 세 가지 극단에 대해서도 언급했다. 첫째, 과도하게 계획하는 사람이다. 이들은 항상 목록을 만들고 모든 가능성을 고려한다. 세부 사항을 계획하는 데 많은 시간을 보내기 때문에 정작 실행은 미흡하다.

둘째, 과도하게 일하는 사람이다. 이들은 너무 바빠서 진짜 중요한 것이 무엇인지를 잊고 산다. 매우 능률적이지만 자발성과 유연성이 부족하며 한순간도 쉬지 않는다.

셋째, 지나치게 시간을 따지는 사람이다. 이들은 1분이라도 낭비할까 봐 염려하며 자신은 물론 다른 사람들까지 안절부절못하게 만든다. 한마디로 피곤한 사람이다. 결론적으로 시간을 허투루 쓰는 것, 지나치게 이기적으로 쓰는 것, 너무 촘촘하게 쓰는 것 그 어떤 극단도 바람직하지 않다.

그렇다면 미래 시간에 대한 예측과 조정은 어떻게 할까? 반복되는 일상은 시간의 흐름을 둔감하게 만든다. 마치 천천히 데워지는 연탄불에서 서서히 익어 가는 개구리처럼 따뜻함에 안주하다가 뜀박질할 타이밍을 놓치고 죽음을 맞이하는 것이다. 1년, 3년, 10년 뒤는 아무도 장담할 수 없다. 그러나 적어도 1시간 뒤, 오후, 저녁, 내일은 어느 정도 예측하고 조정할 수 있다. 미래는 그런 방법으로 예측하고 계획하는 것이다. 시간을 조정하고 통제 가능한 상태로 두는 것. 그게 인생이라는 자동차의 운전사인 우리가 할 일이다.

정말 다행인 것은 시간은 누구에게나 공평하게 주어진 자산이라는 점이다. 그럼에도 불구하고 누구에게는 보이고 누구에게는 보이지 않는 물질이기도 하다. 또 누구는 갑이 돼 쉽게 휘두르는 권력이고, 누구는 을이 돼 질질 끌려 다니는 것이 시간이다. 사장은 이런 시간을 안배하고 조정하는 코디네이터다. 나의 시간은 지배하되 타인의 시간을 권력으로 지배하려 들지 마라.

내가
아프면
회사도 아프다

사업이 어려워지거나 실패했을 때 가장 먼저 나타나는 증상이 건강 악화, 생활의 불균형이다. 마음의 상태를 몸이 가장 먼저 알고 반응하는 것이다. 일이 잘 안 풀리고 마음이 불편하면 몸도 아프고 만사 짜증이 난다. 건강하고 기분이 좋음에도 짜증이 나는 경우는 없다. 사장은 여러 사람과 부대끼면서 일해야 하는 멀티 플레이어다. 그래서 늘 좋은 상태를 유지해야 한다. 내 몸과 마음이 힘들면 다른 사람과 유쾌하게 대화하기가 힘들 것이다. 건강해야 유쾌해지고, 그래야 주변도 밝아지면서 회사가 번창한다. 사장이 건강해야 하는 가장 큰 이유다.

어떤 이유로든 사장이 자리를 비우면 직원들의 자유 시간이 된다. 직원의 입장에서 사장이 자리를 비우면 아무래도 긴장이 풀리는 것은 당연하다. 예컨대 사장이 해외 출장을 나갔을 때와 회사 집무실에 있을 때의 느낌은 다르다. 딱히 뭔가를 지시하거나 회의를 소집하지 않아도 사장의 존재만으로 무게감을 느끼는 곳이 '회사'라는 조직이다. 따라서 사장이 건강 문제로 일주일 이상 자리를 비우면 직원들은 처음에는 우려하겠지만 자연스럽게 긴장감이 풀어질 것이다. 이 상태가 지속되면 매출도 감소하며 회사가 기울어 갈 확률이 크다. 이는 특히 중소기업일수록 더욱 그렇다.

| 때맞춰 움직일 수 있는 사람이 건강한 사람이다 |

건강해야 약속을 잘 지킬 수 있다. 건강과 약속이 무슨 상관이냐고 생각하는 사람도 있을 것이다. 하지만 의외로 개인의 성격보다는 건강이 따라주지 않아서 시간 약속을 지키지 못하는 경우가 많다. 사업은 약속의 연속이다. 약속이 많을수록 사업이 번창하고 있다는 증거다. 그런데 내가 아프면 만사가 귀찮아지고 몸을 사리게 된다. 심지어는 이미 잡아 둔 약속조차도 취소하게 된다. 이런 일이 잦아지면 자연스럽게 비즈니스 세계에서 도태된다.

모든 일에는 때가 있다. 그러므로 때맞춰 움직이는 타이밍이 중요하다. 특히 사업을 하는 사람은 상대방의 시간에 맞춰야 하는 '을'이다. 그래서 늘 출동할 수 있는 건강한 상태로 대기해야 한다. 필요할 때, 필요한 행동을 나의 의지대로 할 수 있는 사람이 건강한 사람이고 사업에서도 성공한다. 이것은 비즈니스뿐만 아니라 일상에서도 마찬가지다. 이때 우리는 흔히 몸이 약하고 강한 것을 건강과 혼동한다. 하지만 약골로 태어났든 강골로 태어났든 자기 관리를 잘하는 사람이 건강한 사람이다. 약속을 잘 지키고 때맞춰 잘 움직일 수 있는 사람 말이다.

이처럼 사장이 건강해야 된다는 말이 너무나 당연하게 느껴지지만 막상 실천하기가 어렵다. 무슨 좋은 방법이 없을까? 사장의 건강은 별도로 기획되고 설계돼야 한다. 리더인 당신도 조직의 일부라는 생각이 그 시작이다. 리더가 아프면 조직도 아프다. 지금까지 당신은 업무와 프로젝트에 매진하며 살아왔다. 단 한 번도 건강을 업무로 생각해 보지 않았을 것이다. 이제부터는 건강도 총무, 인사, 영업처럼 하나의 업무로 생각해 보자. 물론 시간 내기가 정말 어려울 것이다. 그래서 나는 자투리 시간을 제안하고 싶다.

본격적인 업무를 시작하기 5분 전을 활용하라

출근 후 일을 시작하기 5분 전에 맨손 체조를 시작해 보라. 성질이 급한 사람은 일하기 바쁜 마음에 처음에는 실천하기 힘들 것이다. 하지만 생각해 보자. 5분 늦게 업무를 시작한다고 대세에 얼마나 영향이 미칠까?

틈틈이 사무실 근처를 걷고 뛰어라

두 번째 자투리 시간은 점심시간이다. 보통 점심을 먹고 잠깐 눈을 붙이거나 커피를 마시는데, 잠시 사무실 부근 한 구간 정도를 산책해 보는 것이다. 물론 사장은 업무 약속이 많아 규칙적으로 시간 내기가 어려울 수도 있다. 하지만 꼭 점심시간이 아니라도 틈틈이 시간을 내서 맨손 체조를 하거나 천천히 걷는다. 혹은 아예 시간을 정해 두고 인근 헬스장에 잠깐 다녀오는 것도 좋은 방법이다. 팔 굽혀 펴기 몇 번이라도 괜찮다.

　다만 이렇게 주로 자투리 시간만 활용하다 보니 운동의 종류가 전부 간단한 동작으로 귀결된다는 점이 흠이라면 흠이다. 하지만 운동 같지도 않은 이런 작은 움직임이 건강 유지에 큰 도움이 된다. 근육만이 건강을 만들어 주는 것은 아니다. 사람은 물과 비슷해서 자주 흔들어 주는 것만으로도 충분히 활력이 생긴다.

　흔히 몸과 정신은 분리돼 있다고 생각한다. 하지만 운동으로 땀을 흘리고 나면 개운해지는 것과 밤샘 공부 후 배가 고프고 몸이 피로해지는 것은 몸과 정신이 연결돼 있다는 증거다. 사장은 꾸준히 생각해야 하는 사람이다. 고민과 사색이 필요한 사람이다. 그러니 몸과 정신이 연결됐음을 염두에 두고 사색할 때 몸을 함께 움직여 보자.

때로는 치타처럼
때로는
나무늘보처럼

"되게 열심히 치는 것 같아요. 전체적으로 열심히 쳐요."

피아니스트 임동민이 대학생 연주자에게 던진 말이다. 임동민은 한국인 최초 쇼팽 콩쿠르 입상자이자 쇼팽 스페셜리스트다. 이런 그가 음대생들의 연주 모임에 깜짝 게스트로 나와 원 포인트 레슨을 진행하는 영상을 우연히 발견했다. 이는 쉽게 말해 조기 축구 모임에 손흥민이 나타난 격이다.

대학생이라고는 하지만 세계적인 피아니스트 앞에서 원 포인트 레슨을 받겠다고 나설 정도면 실력이 나름 수준급 이상일 것이다. 레슨을 받는 학생은 대단히 열정적인 연주를 선보였다. 그런데 피아니스트 임동민의 지적은 돌직구였다. "열심히 치는 거 다 좋은데 너무 에너지를 낭비하는 거 같아요"라고 말한 것이다. 그럼 설렁설렁 치란 말인가? 열심히 치는 것도 흠인가? 그는 말을 이었다.

"음악이란 포인트가 있어야 하고 뭘 이야기하고 싶은지가 중요합니다. 균형이 있어야 하고 날카롭게 쳐야 합니다. 소리를 크게 내는 게 중요한 게 아니라 효과가 있어야 합니다. 효과가 있으려면 작을 때는 작고, 클 때는 커야 해요."

순간 나는 흠칫했다. 경영과 음악의 맥이 어쩜 이리도 같을 수가 있단 말인가! 이어서 그가 시범 연주를 했다. 같은 곡인데도 전혀 다른 곡처럼 들렸다. 같은 악보를 가지고 다른 곡을 연주한 셈이다. 아마추어인 내가 듣기에도 확실히 그의 연주는 강약과 고저가 확연했다.

| 사장에게 주는 노력 상은 없다 |

회사에서 신입 직원들은 대개 바쁘고 정신이 없다. 일머리도 없는데 해야 할 일이 많기 때문이다. 그러나 임원이나 사장이 바쁘다는 말을 입에 달고 다닌다면 한 번쯤 생각해 볼 일이다. 십중팔구 잘 안 되는 회사가 그렇다. 혼자서만 열심히 하고 있거나, 할 일과 하지 않아도 될 일을 구분하지 못하거나, 직원들이 미덥지 못해 전부 본인이 감당하고 있는 경우다. 그러니 바쁠 수밖에 없다.

주변에 열심히 일하는 사장님이 많다. 쉴 새 없이 사람을 만나고 문제를 해결하느라 바쁘게 움직인다. 사람들이 이렇게 열정적인 사장들과 마주칠 때 항상 던지는 덕담이 있다.

"열심히 사시네요. 보기 좋습니다."

이는 열심히 사니까 성공할 거라는 뜻일까? 아니면 열심히 하는 모습 자체로도 훌륭하다는 걸까? 사실 지금도 과거의 노동 집약적인 고정 관념으로 탄생한 '열심'의 미덕을 칭찬으로만 생각하는 사장들이 많다. 그런데 사장에게 노력 상은 주어지지 않는다. 오직 성패의 결과만 중요할 뿐이다. 그래서 사장은 어떤 일을 열심히 하기 전에 '왜 이 시간에 이 일을 하고 있는가'라는 물음에 스스로 답할 수 있어야 한다.

마라톤 42.195킬로미터를 완주하기 위한 핵심은 구간 관리다. 어느 지점에서 속도를 높이고 어느 지점에서 숨을 고를지 미리 계획해야 한다. 경영은 열정을 짊어지고 달리는 장기 레이스와 같다. 뜨거운 열정을 끝까지 유지할 수는 없다. 초반에 열정을 주체하지 못하고 이리저리 방황하는 이도 있고, 순간 폭발하는 열정을 참지 못해 코뿔소처럼 직진하다가 나락으로 떨어지는 이도 있다. 전부 완급과 리듬을 무시한 결과다.

사장은 뭔가에 집중해야 할 때는 시속 110킬로미터의 치타처럼 몰아붙이고, 긴장을 풀어야 할 때는 시속 200미터의 나무늘보처럼 여유로워야 한다. 시간과 열정을 안배하고 통제하는 에너지의 지배자가 돼야 한다. 필요한 순간에, 필요한 열정을, 필요한 곳에 쏟아부을 수 있어야 한다. 자기의 열정을 다스릴 수 있다면 다른 사람의 열정도 받아들일 수 있고 나아가 새로운 용광로를 디자인할 수 있다. 경영은 열정으로 빚어내는 하나의 조각 작품이다.

사장의
옷은
언어다

"옷은 언어다. 다른 사람을 만나 대화를 나누기 전, 당신을 알리는 첫 번째 정보가 패션이다. 때문에 육체적, 정신적으로 타인에게 어떻게 보이길 원하는지부터 고민해야 한다."

이브 생로랑, 크리스찬 라크르와를 거쳐 라코스테에서 10년간 크리에이티브 디렉터로 지낸 디자이너 크리스토퍼 르메르가 한 말이다. 사람을 만나면 가장 먼저 보이는 것이 얼굴과 옷 스타일이다. 입을 열기 전에 "나는 이런 사람입니다"라고 패를 보여 주는 것이 바로 옷차림인 셈이다. 일상의 출근 옷차림도 그렇다. "오늘의 기분은 이렇습니다"라고 말하는 것과 같다. 특히 사장의 옷차림은 그 회사의 대표 복장이 될 수 있다. 예컨대 사장이 캐주얼 차림이면 직원들도 주로 캐주얼한 옷을 입는다. 사장이 정장에 넥타이 차림이면 직원들도 대개는 정장을 입는다. 사장의 복장에 따라 회사의 이미지와 분위기가 달라질 수 있다.

| 형식이 내용을 좌우한다 |

특히 회사가 어려울수록 사장은 복장에 각별히 더 신경 써야 한다. 옷차림마저 후줄근하고 어두우면 소위 없어 보이기 때문이다. 일부러라도 밝은 색상과 깔끔한 복장을 연출할 필요가 있다. 그러므로 가능하면 당신이 입을 수 있는 최상의 옷차림으로 사람을 만나라. 군인이 모자와 바지에 각을 세우고, 구두를 광내고, 견장 위치를 신경 쓰는 이유가 뭘까? 전투와 상관없이 복장에 집착하는 이유는 단순히 패션의 문제가 아니다. 정신적인 문제, 즉 멘탈과 관련됐기 때문이다. 우리의 삶은 많은 경우 형식이 내용을 좌우한다. 영화 〈킹스맨〉의 명대사 "매너가 사람을 만든다"도 그런 의미로 해석할 수 있다.

《성공을 위한 옷차림(Dress for Success)》의 저자 몰로이는 이렇게 주장했다.

"자신만의 이미지에 걸맞은 스타일을 갖출 때 보다 효과적인 리더십을 발휘할 수 있다."

예컨대 맥아더는 똑같은 군복을 자신만의 독특한 스타일로 선보임으로

써 50여 년의 군 생활 동안 개성을 뽐냈으며, 나아가 이를 스타일화해 리더십을 더욱 강화했다. 사장도 마찬가지다. 자기만의 스타일을 구축해서 직원들에게 메시지를 던지고 소통할 수 있다.

애플의 창업자 스티브 잡스는 청바지 CEO의 대명사였다. 한때 그를 모방해 청바지를 입는 사장들이 많았는데, 청바지를 입고 출근하면 회사 분위기가 보다 자유롭고 소통도 잘될 것이라 기대한 것이다.

그러나 소통은 자유로운 기업 문화에서 자연스럽게 나오는 법이다. 청바지는 프랑스의 님(Nimes)에서 만들어졌다. 처음에는 갈색 천이었지만 이것이 뱀이 많은 미국 서부 지역에서 유행하기 시작하자 뱀이 싫어하는 푸른색으로 염색하면서 지금의 청바지가 됐다. 이런 실용성과 현장 적응성이 청바지의 본질이다. 나이 든 사장이 갑자기 청바지를 입고 출근한다고 해서 소통이 잘되고 생각이 젊어지는 것은 아니다.

| 사장의 옷차림은 연출이다 |

옷 스타일을 바라보는 우리의 눈은 일종의 사회적 고정 관념에 사로잡혀 있다. 일반적으로 상대가 정장을 입고 나타나면 깔끔하고 준비된 사람이라는 인상을 받는다. 반면 격식이 없는 복장으로 나타나면 왠지 어수선해 보이고 성의가 부족하다고 느낀다. 이런 고정 관념 때문에 사람들은 불편함을 감수해서라도 정장을 입는다. 특히 만나는 사람이 상사, 상급 기관, 어르

신 등 소위 '갑'일 경우에 더욱 그렇다. 스포츠 선수들이 기자 회견에서 정장을 차려입는 것도 그런 케이스다.

사장의 복장에 특별히 정해진 모델은 없다. 각자 상황이 다르기 때문이다. 맥아더의 군복이나 스티브 잡스의 청바지처럼 하나의 상징으로 만들어 리더십을 강화할 수도 있고, 업종이나 개인 스타일에 따라 내키는 대로 입을 수도 있다. 다만 몇 가지 규칙이 있다.

첫째, 사장은 마음대로 자유를 누리는 예술가가 아님을 기억하라. 사장은 사회적 통념 속에서 타인과 교류하는 사람이다. 그래서 업의 분위기에 걸맞은 상식적인 복장이 요구된다. 예컨대 기계 제조 공장이라면 양복과 넥타이보다는 직원들이 입는 작업복이 어울린다.

둘째, 깔끔함을 유지하라. 정장을 입든 청바지를 입든 항상 깨끗한 상태를 유지해야 한다.

셋째, 상황에 맞게 연출하라. 사장은 하루에도 여러 예기치 않은 상황과 맞닥뜨린다. 따라서 가능하면 여분의 셔츠와 넥타이를 회사에 준비해 두는 게 좋다. 결혼식, 파티, 조문, 현장 방문 등 갑작스러운 출장이 있을 수 있기 때문이다.

결론적으로 사장의 복장은 연출에 가까워야 한다. 때로는 단정하게, 때로는 파격적으로 연출하라. 정장의 긴장감과 청바지의 느슨함 사이를 오가며 완급을 조절하라. 사장은 회사에서 가장 주목받는 주연 배우다. 옷차림 하나로 외부의 시선을 적극적으로 끌어들여 분위기를 휘어잡을 수도 있고, 느슨해진 직원들의 멘탈을 관리할 수도 있다. 결국 사장은 자기라는 상품을 옷으로 포장해 조직을 리드하는 연출자다.

사장은
배움 없이
성공할 수 없다

사장의 독서는 학자나 학생의 독서와는 목적이 다르다. 단순한 호기심이나 학문적인 욕구를 충족시키기 위한 수단으로 읽고 배우는 게 아니기 때문이다. 사업에서 성과를 내려면 온전히 자기의 지식과 생각만으로 일할 수 없다. 시대의 흐름을 읽고 타인의 경험과 전문 지식을 습득해야 한다. 그러기 위해 가장 좋은 도구가 책이다.

통상 독서를 성장을 위한 행위로 알고 있지만 반드시 앞으로 나아가기 위한 것만은 아니다. 지금의 자리를 유지하기 위해서도 필요하다. 자전거는 천천히라도 페달을 밟고 있어야 넘어지지 않는다. 버스 정류장에서 가만히 서 있다 보면 버스들이 그냥 지나가는 것처럼 내가 가만히 있어도 세상은 빠르게 흘러간다. 이때 세상의 변화를 전부 따라갈 수는 없지만 일단 버스에 올라야 가만히 있는 상태를 벗어날 수 있다. 이왕이면 당신이 가고자 하는 방향과 목적지로 향하는 버스를 타라. 수많은 책들이 쏟아져 나오지만 그중 내가 가는 방향, 목적하는 바와 결이 같은 책을 읽어야 한다.

| 최소 173시간의 독서 시간을 만들라 |

사장은 바쁜 사람이다. 독서가 필요한 건 알겠는데 책 읽을 시간이 없다. 그래서 독서의 최우선 과제는 시간 확보다. 바쁜 사장이 어떻게 하면 시간을 낼 수 있을까? 세계적인 시간 관리 전문가 앨런 라킨은 아침에 일어나서 하루 일과를 시작할 때까지의 자투리 시간을 제안했다. 이외에도 자투리 시간은 일상 이곳저곳에 조각조각 흩어져 있기 때문에 방법만 알면 상당히 유용하게 활용할 수 있다.

자투리 시간을 풍성하게 활용하는 방법은 여러 가지다. 나는 출근하거나 누군가를 만나러 가는 동안 스마트폰으로 인터넷 신문 기사와 칼럼을 읽는다. 자가용으로 움직일 때도 오디오북, 책 읽어 주는 애플리케이션, 유튜브, TTS(Text to Speech) 등의 기능을 이용하면 언제든지 독서가 가능하다. 이 기능은 조깅, 예술 활동, 글쓰기 등 다른 일을 하면서도 이용할 수 있다.

독서 시간은 티끌 모아 태산이다. 아침, 저녁 각 20분씩 시간을 내면 하루에 40분을 쓸 수 있고 1년에 총 173시간을 확보할 수 있다. 통상 책 1권을 읽는 데 평균 4시간이 걸린다고 하면 1년에 43권의 책을 읽을 수 있는 것이다. 이런 결과라면 자투리 시간을 이용할 이유가 충분하지 않은가?

| 독서는 습관이 전부다 |

책 읽을 시간이 확보됐다면 이번에는 습관화다. 달랑 책 한두 권 읽자고 이런 장황한 이야기를 늘어놓는 것이 아니다. 회사 경영도 지속하는 경영을 강조하듯이 공부도, 성공도, 독서도 지속이 중요하다. 독서를 습관화하여 꾸준함을 유지해야 한다. 습관은 비단 독서에 국한된 문제가 아니다. 모든 분야에 꾸준히 질문해 보라. 지금 이 습관은 올바른가? 어떻게 하면 더 좋은 습관을 가질 수 있을까? 어떻게 하면 이 좋은 습관을 오래도록 지속할 수 있을까?

습관은 쉽게 생기지 않는다. 사람의 마음과 기분은 변덕스럽기 때문에 스스로도 그리 신뢰할 게 못된다. 좋은 습관을 가지려면 강한 의지도 따라야 하고 외부의 힘도 빌려야 한다. 스티븐 코비에 의하면 좋은 습관을 유지하려면 3주 동안의 반복이 필요하다고 한다. 우주 로켓이 한번 궤도에 진입하면 별도의 동력이 필요하지 않은 것처럼 습관 또한 한번 자리 잡히면 쉽게 동력을 잃지 않는다.

작심삼일을 거스르고 결심이 깨지지 않도록 도와주는 애플리케이션도 있다. '챌린저스'는 이용자들이 참가비를 내고 운동, 어학 공부, 에세이 쓰기 등 다양한 목표를 지속하도록 돕는다. 헬스장 가기에 도전했다면 약속한 날에 운동 기구 사진을 찍어서 올리고, 식단 조절을 시작했다면 샐러드 사진을 찍어서 인증한다. 이 애플리케이션은 목표를 85퍼센트 달성하면 참가비를 환급해 주고 100퍼센트 달성하면 추가 상금을 준다. 참가비는 스스로 책정하며 많이 낼수록 상금도 많아지기 때문에 동기 부여가 된다.

한편 독서 후에는 꼭 사색이 수반돼야 한다. 사장은 자신의 경험과 지식을 바탕으로 순간적인 판단을 내려야 하는 사람이다. 나무를 보고 숲을 상상하고, 숲을 보고 나무를 꿰뚫어 볼 줄 아는 입체적 시야를 가져야 사업 아이템의 품질을 식별할 수 있다. 이런 안목을 키우는 방법이 바로 독서 후 사색이다. 사색은 얻은 지식을 되새김질하고 소화하고 발효해서 내재화하는 과정이다.

기업에서 흔히 하는 각종 혁신 교육 프로그램이 용두사미로 끝나는 이유도 자기화에 실패했기 때문이다. 마찬가지로 독서에 지나치게 몰입해서 사색을 생략하면 창조력을 잃을 소지가 있다. 지식 습득과 모방에만 열중하면 자기 정체성을 잃기 쉬우며, 지식은 많은데 지혜는 없는 헛똑똑이가 될 수도 있다. 소화되지 않은 지식은 공허한 이론에 그칠 뿐이다.

사업을 키워야 할 땐
사장 말고
대리로 일하라

"지난달 매출과 수입이 얼마죠?"

"회계사 사무실에 알아봐야겠는데요."

"전년도 순익이 어떻게 됩니까? 현금 흐름은요?"

"…."

    자문을 의뢰한 사장에게 내가 질문하고 그가 답한 내용이다. 어려운 질문도 아닌데 사장은 정확하게 대답하지 못했다. 그는 회계사 사무실에서 매출을 정리하고 있다고 말하며 경영과 관련된 돈의 흐름에 무심했다. 이게 말이나 되는 소리인가? 이 사장은 직원은 달랑 넷뿐인데 마치 대기업 회장님 같은 처신을 하고 있는 것이다.

"김 대리, 친구 아들 결혼식인데 이쪽으로 10만 원 송금해 주세요."

사장이 김 대리에게 축의금 이체를 부탁하는 장면이다. 그는 통장, 도장, 보안 카드를 김 대리에게 통째로 맡기고 있다. 그를 믿어서 맡긴 게 아니라 본인이 잘 몰라서 할 수 없이 맡긴 것이다. 어떻게 보면 목숨을 맡기고 있는 셈이다. 가족 간에도 돈 문제로 치고받는 세상인데 직원에게 자신의 모든 것을 맡기는 일이 과연 괜찮을까?

주로 나이 지긋한 사장들이 최근 들어 복잡하고 까다로워진 은행의 인증 절차와 예전과 달라진 제도에 적응을 못한 탓에 일어나는 일이다. 평소에는 문제가 없으나 해당 직원이 불만을 품거나 퇴사하면 이 편리함이 골칫덩이로 전락한다. 또는 회사가 크게 흥하거나 망할 때도 그렇다. 직원이 비밀과 약점을 담보로 터무니없는 요구를 할 수도 있고 내부자 고발, 횡령, 배임 등의 금융 사고로 이어질 수도 있다. 이때 모든 책임은 통장의 주인인 사장이 지는 것이다.

기업 규모가 크면 모를까 30명도 안 되는 규모인데 사장이 직원에게 모든 일을 맡기려 한다면 생각을 고쳐 보는 게 좋겠다. 통상 일반인들은 사장이 조직을 통솔하는 사람이니 당연히 큰일을 주로 맡아 하고, 디테일한 일들은 직원에게 맡겨 잘 모를 거라고 생각한다. 하지만 정말 그럴까? 실제로 내가 만나 본 큰 회사의 사장들은 이런 대범한 이미지와는 사뭇 다르다. 대체로 그들은 회사의 자세한 사정을 꼼꼼하게 알고 있었다. 종종 청탁을 거절하기 위해 모르는 척할 뿐이다.

| 때로는 대리처럼 때로는 사장처럼 |

기업 규모가 크지 않다면 사장이 가끔 대리도 되고 과장도 돼야 한다. "신은 디테일에 있다(God is in the details)"라는 말이 있듯이 사장도 꼼꼼해야 한다는 뜻이다. 특히 회사가 작을수록 업무의 과정을 전부 알고 있어야 정확한 지시가 가능하고 직접 확인할 수도 있으며 갑자기 인력이 빠져도 대체할 수 있다. 예컨대 사장은 중국 식당에서 주방장이 자리를 비워도 주방장이 될 수 있어야 하고, 홀 직원이 아프면 서빙도 할 수 있어야 한다.

조개가 성장하면서 껍데기를 키워 가는 과정을 보면 회사의 성장 사이클과 비슷하다. 딱딱한 껍데기는 알맹이가 커짐에 따라 함께 성장하고 커진다. 마치 어린이가 성장하면서 큰 옷을 입는 것과 같은 모양새다. 사업도 이와 같다. CEO의 마음가짐, 즉 멘탈도 회사의 규모에 따라 점점 커져야 한다. 자본금, 매출, 조직의 스케일이 커지면 동시에 생각과 철학 또한 발전해야 한다.

회사가 어느 정도 자리를 잡으면 사장의 꼼꼼함과 실무 능력을 감춰야 할 순간이 온다. 이전의 대리, 과장의 역할을 병행했던 사장에서 진짜 사장으로 자리매김하는 것이다. 이때는 오히려 참견하고 싶은 마음을 참는 것이 리더십이다. 결국 사장의 디테일은 회사의 규모에 반비례해야 한다. 그것이 크게 성장한 회사 사장의 모습이고, 더 큰 물고기를 잡을 수 있는 카리스마다. 실무를 잘하는 것과 경영을 잘하는 것은 다르다. 모든 일에 큰 칼이 필요하지 않듯이 모든 일을 사장이 할 필요가 없는 것이다.

참으로 어려운 게 사장 노릇이다. 그래도 어쩌겠는가? 어려움을 극복해야 망하지 않고 살아남는다. 사장은 왕이 아니라 길이 돼야 한다. 때로는 큰 길, 때로는 좁은 길, 때로는 험한 길이다.

자존심 때문에
할 수 없다는 말에 담긴
진짜 의미

사람들이 실패에 좌절하고 다시 재기할 의욕을 갖지 못하는 가장 큰 이유는 두 가지다. 하나는 고점 대비 낙폭이 너무 커 의욕을 상실한 것이고, 다른 하나는 자존심을 핑계로 꽁무니를 빼는 경우다. 이해를 돕기 위해 숫자 1,000을 기준으로 이야기해 보겠다. 사람들은 다들 자기가 바닥이라고 떠들어대지만 누구나 똑같은 바닥이 아니다. 가령 1,000의 절반인 500으로 떨어져도 바닥이라 하는 이가 있을 테고, 200이 돼도 아직 괜찮다고 생각하는 이가 있다. 게다가 모두가 1,000을 갖고 시작하지는 않는다. 인생은 출발부터 불공평하다. 우리는 우선 이 사실을 인정해야 한다. 인정하지 않으면 인생은 죽을 때까지 불만투성이일 수밖에 없다.

성공과 실패는 상대적이다. 운 좋게 1,000을 갖고 태어나 2,000까지 도달하는 이도 있고, 10을 갖고 태어나 겨우 200에 도달하는 이도 있다. 그러나 후자는 무려 20배나 성장한 사람이다. 이처럼 망해도 200인 사람이 있고 기껏 성공해야 200인 사람이 있는 것처럼 지금 당신의 실패가 어떤 이에게는 아직 도달하지 못한 꿈의 목표일 수도 있다. 각자 다르게 태어났고 체감이 다를 수 있다.

사실 사람은 처음부터 바닥일 때보다 형편이 괜찮아졌다가 다시 어려워질 때가 더 힘들다. 그러므로 우리는 누군가가 말하는 200의 실패에도 고개를 끄덕일 수 있어야 하고 200의 성공에도 박수칠 수 있어야 한다. 이때 숫자는 무의미하다. 출발도 공평하지 않고 각자 도달하는 지점도 다르지만 체감은 비슷할 수 있기 때문이다.

그런데 이를 무시하는 파격적인 행보도 있다. 故 서상록 전 삼미그룹 부회장은 1997년 그룹 부도 사태로 회사를 떠나고 롯데호텔 프랑스 식당의 견습 웨이터로 변신해 화제를 모은 적이 있다. 대기업의 임원에서 자존심을 다 버리고 격을 낮춰 취업했다는 평가를 받았지만, 만약 그가 처음부터 이 직업을 택했다면 좋은 직장에 취직해 일하고 있는 셈이다. 어떤 평가를 받든 충분히 자부심 가질 일이다.

사장들은 흔히 망하면 대리 운전을 한다고 말하지만 대리 운전을 업으로 삼아 10년, 20년 동안 꾸준히 해 온 사람도 많다. 이처럼 상황의 변화를 자존심이 상하는 문제로 보느냐, 그렇지 않느냐에 따라 마음가짐이 달라진다. 모든 갈등의 중심은 자존심이다.

| 돈 없는 게 자존심 상할 일이 아니다 |

우리는 흔히 '자존심 때문에 할 수 없다'고 말한다. 당신은 그 자존심에 대해 얼마나 알고 있는가? 당신의 자존심을 자세히 들여다보라. 속상한 마음의 본질을 분해해 보자. 사라진 것이 무엇이고 남은 것은 무엇인가? 부족한 것이 무엇인가? 돈인가, 옷인가, 자동차인가, 집인가? 아니면 인생의 가치, 종교, 철학, 멘탈인가?

아마도 짐작컨대 당신이 속상한 이유는 지금껏 누려 왔던 '부'가 사라졌기 때문일 것이다. 주로 돈, 옷, 자동차, 고급 아파트 등 껍데기에 관한 것이다. 당신의 마음가짐이나 능력, 지식, 가치관은 사라지지 않았다. 한마디로 당신의 껍데기만 변했을 뿐이다. 고로 비탄에 빠질 필요 없다. 사실상 잃은 게 없다. 사라진 것은 당신을 둘러싼 주변 장식일 뿐인데 그리도 애달플 필요가 있을까?

시쳇말로 "내가 돈이 없지 가오가 없나"라는 말이 있다. 2015년에 개봉한 영화 〈베테랑〉에서 극중 형사 서도철이 남긴 대사다. '가오'는 일본 말로 얼굴이라는 뜻으로 체면, 자존심을 의미한다. 아무리 힘들어도 자존심을 버리고 현실에 타협하지 말자는 뜻이다. 돈이 없는 게 자존심 상할 일이라면 당신은 돈에 놀아나고 있는 것인가? 당연히 아니라고 믿고 싶을 것이다. 이런 논리가 불쾌하겠지만 사실이 그렇다. 그렇다면 지금부터 당신의 생각을 바꿔라.

인간의 자존심이 우리에게 얼마나 중요한지 측정할 수 있을까? 데이비드 호킨스 박사의 《호모 스피리투스》에 나온 '의식 지도' 수준에 의하면 자존심의 의식 수준은 175로, '깨달음'이나 '평화' 같은 의식이 700~1000인 것에 비해 그리 높지 않았다. 인간의 의식에서 자존심은 별로 대수롭지 않은 단계인 셈이다.

결론을 내려 보겠다. 당신이 주식 투자를 잘못했거나 회사가 망해서 돈을 잃었다면 다시 벌면 될 일이다. 돈을 잃은 게 창피하다거나 자존심이 구겨진다고 생각할 것까지 있을까? 본질을 보라. 그 자존심을 왜 지켜야 하는지, 자존심의 가치는 무엇인지 생각해 보라.

트렌드를 읽어야
살아남는
시대가 왔다

사장은 세상과 친하게 지내야 한다. 항상 세상의 흐름과 가까운 거리를 유지하고 동떨어지지 말아야 한다. 세상의 움직임을 관찰하고 그에 따라 내 발걸음도 조절해야 한다. 다른 회사, 다른 사람, 다른 나라가 무엇을 하고 있으며 무슨 생각을 하고 있는지 관심을 가져야 한다.

과거에는 같은 업종과 이웃의 변화에만 영향을 받았다면, 지금은 전혀 다른 업종의 변화나 평소 관계없다고 생각했던 사람과 사건이 내 삶과 비즈니스에 직접적인 영향을 미치고 있다. 오늘날 이 세상의 모든 것은 서로 관계가 있다. 인터넷의 빠른 확산과 공유의 결과다.

그러므로 사장은 세상과 친하게 지내야 한다. 이때 너무 앞서도 안 되고 너무 느려도 안 된다. 적당히 시대정신과 보조를 같이해야 한다. 비즈니스에서 아이디어의 속도가 너무 빠르면 발명가나 혁신가로 그치고, 너무 느리면 시대에 뒤처져 꼰대 소리를 듣는다. 우리는 세상이 원하는 생각을 적절한 때에 알맞은 속도로 내놓아야 한다. 특히 사업에서는 더욱 그렇다.

| 호텔 없는 숙박 사업, 택시 없는 택시 사업 |

우리는 땅 위가 아니라 시간이라는 거대한 배 위에 있다. 강물도 흐르고, 내가 탄 배도 끊임없이 움직이고, 눈앞의 상대도 변한다. 세상의 변화와 나의 변화가 교차하고 있다. 지금 흘러가는 눈앞의 강물은 어제와 같아 보이지만 실은 어제와 다른 물이다. 태양도 매일 뜨고 지기를 반복하지만 어제와 다른 빛이다. 마찬가지로 내가 세운 원칙, 가정, 계획은 언제나 과거의 유물에 불과하다. 그러므로 과거에 채택한 전략들이 지금의 문제를 해결하고 기회를 잡기에 적절하다고 단정할 수 없다. 계속 수정하고 다시 들여다봐야 한다.

이 변화무쌍한 세상에는 위험와 기회가 동시에 존재한다. 지금 잘하고 있는 일이 내일 아무 소용이 없어질 수도 있다. 언제 어디서 커다란 포크레인이 나타나 지금 내가 하는 일을 하찮은 삽질로 만들어 버릴지도 모른다.

옥스퍼드대학교의 '고용의 미래' 보고서에 따르면 자동화와 기술 발전으로 20년 이내에 현재 직업의 47퍼센트가 사라질 가능성이 크다고 한다. 세계 경제 포럼의 '미래고용보고서'는 전 세계의 710만 개 직업이 사라지고

210만 개의 새로운 직업이 생긴다고 전망했다. 세계 경제 포럼의 창립자 클라우스 슈바프 회장은 "4차 산업 혁명은 지금까지 인류가 경험했던 산업 혁명보다 규모, 범위, 복잡성이 가장 크며 지금까지 경험하지 못했던 일들이 펼쳐질 것이다"라고 예견한다. 미래학자 토머스 프레이는 "앞으로 15년 후까지 대학의 절반가량이 문을 닫을 것이다"라고 경고했고, 세계 경제 포럼은 "현재 초등학생이 갖게 될 일자리의 65퍼센트가 현재는 존재하지 않는 전혀 새로운 일자리가 될 것이다"라고 전망했다.

라이프 스타일도 달라지고 있다. 사람들이 시간과 돈을 어떤 곳에 쓰느냐를 알면 향후 소비 행태와 이들로부터 파생되는 정치, 사회, 경제, 문화 등 거의 모든 분야의 변화를 예측할 수 있다.

이 시대의 CEO는 인터넷이라는 거대한 정보의 바다를 항해하면서 고기를 잡는 선장과 같다. 라이프 스타일과 소비 시장의 큰 흐름을 파악하면서 세상의 급물살을 따라가야 한다. 건물 하나 없이 호텔 업계를 무너뜨린 에어비앤비, 택시 없는 운송 회사 카카오택시, 지점도 직원도 없는 은행 케이뱅크, 음식점 없는 배달의 민족까지. 지금 시대는 변화의 중심에 있다.

또 새로운 기술이 등장하면 사람들은 빠른 속도로 그 기술에 적응하며 순식간에 흐름을 바꿔 놓을 것이다. 지난 20~30년 동안의 변화보다 최근 10년 동안의 변화가 인간의 삶을 더 획기적으로 변화시켰고 그 변화의 속도는 점점 빨라지고 있기 때문이다.

아무런 전조 없이 다가오는 미래는 없다. 사람들은 항상 미래에 관심이 많고 앞으로 직면할 새로운 문제를 예측하고 해결하기 위해 노력하고 있다. 트렌드는 미래를 예측하는 중요한 지표다. 통상 트렌드란 10년 이상 지속되는 사회 현상을 말하는데 요즘은 1년 단위로 관찰하기에도 세상의 변화 속도가 너무 빠르다. 이럴 때일수록 개인과 조직의 지속 성장을 위해 앞날을 내다보는 지혜가 필요하다.

특히 사장은 매일 결정하고, 해결하고, 책임져야 하는 사람이다. 눈앞의 현실과 당장의 매출도 중요하지만 미래를 통찰하는 눈과 넓은 시야를 가져야 살아남는다. 기술이 발달하는 방향과 사회 현상의 변화를 주목해서 장기적인 관점으로 목표를 잡고 의사 결정을 해야 한다. 아마존 본사에 걸린 제프 베조스의 말 "길게 보라(Think long term)"처럼 사업의 미래는 사장인 당신의 시선으로 결정된다.

4장

긴 호흡으로
견디는 자가
승리한다

| 끝까지 살아남는 저력 |

"우리는 어디서 왔는가, 우리는 무엇인가, 우리는 어디로 가는가." 생명의 탄생과 사랑, 인생의 풍요, 미래에 대한 불안과 초조, 죽음 등을 담아 낸 폴 고갱의 미술 작품명이다. 우리 인간은 각자 다르게 태어나 다르게 살지만, 동시에 다 그렇고 그런 길을 걷다 비슷하게 죽는다. 그러니 실패와 성공으로 점철된 당신을 '비즈니스 캔버스'라는 화폭에 하나둘 담아 보라. 실패와 성공을 빛과 어둠으로 묻어 버리는 통찰의 시간, '멘탈 관조'가 필요하다.

눈으로
보는 세상이
다가 아니다

    여기 축구 경기장이 하나 있다고 가정해 보자. 이곳에는 목적이 각기 다른 세 부류의 사람이 모인다. 선수, 주최자, 관객이다. 선수는 자신의 명예를 위해 경기에 참여한다. 경기의 주최자는 표를 팔아서 경제적 이윤을 추구한다. 관객은 자신이 좋아하는 경기를 보기 위해 기꺼이 돈을 지불하고 경기를 관람한다. 이때 관객은 경기가 시작되고 열기를 더해 가면서 신기한 경험을 맛보게 되는데, 마치 자신이 경기를 뛰고 있는 운동선수와 하나가 된 것 같은 경험이다. 관객은 운동장에서 뛰고 있는 선수의 눈으로 보기도 하고, 관객의 눈으로 경기를 보기도 한다. 선수의 상황도 됐다가, 관객의 상황도 되는 것이다. 우리는 이처럼 다양한 입장에서 바라볼 수 있는 눈, 관조가 필요하다.

| 눈으로는 볼 수 없는 세상이 있다 |

'어둠 속의 대화(Dialogue in the dark)'는 앞이 보이지 않는 완전한 어둠 속에서 100분 동안 감각만으로 세상을 경험하는 체험 전시다. 눈은 뭔가를 보고 판단하는 중요한 감각 기관임은 틀림없지만, 역설적으로 시각을 배제할 때 평소 보이지 않던 것들이 보인다는 발상이 이 전시의 출발점이다.

인간을 두고 흔히 '만물의 영장', '영적 존재'라고 말한다. 하지만 사실 우리는 시각 중심의 사고에 갇혀 있다. 바깥세상을 볼 수 있는 주 통로가 눈으로 한정돼 있고, 이조차 그동안 봐 왔던 데이터의 울타리를 벗어나지 못한다. 하지만 시각을 제거하면 새로운 세상이 펼쳐진다. 이때 세상은 광활한 카오스다. 한편으로 자유인 셈이다.

그동안 시각으로만 채운 경험과 편견으로 자리 잡은 생각들은 미래에서 유효하지 않다. 예컨대 미래의 자동차는 바퀴로 굴러다니지 않을 수도 있다. 앞으로는 현대, 벤츠, 아우디, 도요타 등 자동차 기업끼리 경쟁하지 않을 것이다. 애플, 보잉, 구글처럼 전혀 다른 업종들과 경쟁하게 될 것이다. 한마디로 분야의 경계가 모호하고 다차원이 공존하는 시대가 오고 있는 것이다.

우리가 매일 타는 지하철은 1863년 1월, 영국에서 최초로 만들어졌다. 지하철을 설계할 당시만 해도 창문을 낼 것인가 말 것인가를 고민했다고 한다. 칠흑 같은 터널로만 운행하는 지하철에 창문이 무의미했기 때문이다. 하지만 결국 창문을 내기로 한다. 사람들은 실제로 콘크리트 벽밖에 보이지 않을지라도, 창문을 바라보며 보이지 않는 풍경을 상상하고 싶어 했기 때문이다.

매일 마주하는 지하철 창문은 평소에는 그저 아무것도 보이지 않는 검은 색의 창문일 뿐이다. 하지만 누군가에게는 그 창문이 특별한 영감의 원천 이다. 누구는 두 눈을 뜨고도 희망을 보지 못하지만 누구는 눈을 감고도 희 망을 본다. 누구는 찬란한 태양 아래서도 빛을 보지 못하지만 누구는 칠흑 의 갱도 속에서도 빛을 본다. 나도 지하철을 타면 가끔 멍하니 창을 바라본 다. 그러다 보면 현실의 풍경이 아니라 상상 속의 뭔가가 보인다. 만약 지 하철에 창문이 없으면 어땠을까? 희망은 지하철 창문을 바라보는 것과 같 은 것이다.

살아 있다면
희망은
늘 존재한다

단테는 《신곡》에서는 "여기 들어오는 자들이여! 모든 희망을 버려라"라는 말로 지옥을 묘사했다. 지옥이란 희망이 없는 곳, 절망의 장소다. 우리는 희망이 없으면 하루도 살아갈 수 없다. 그래서 우리는 늘 희망을 추구한다. 그런데 절망(絶望)은 희망이 있어야만 존재한다. 희망이 있으니 희망을 끊는 절망이라는 말이 생긴 것이다.

사장은 직원들이 절망에 빠졌을 때, 지쳐 있을 때, 모두가 가능성이 없다고 말할 때 희망을 만들어야 하는 사람이다. 사장은 나뭇가지 위의 새와 같다. 나뭇가지가 부러질까 걱정하면서 가지에 앉아 있는 새는 없다. 새가 해야 할 일은 스스로의 날개가 온전한지 추스르고 살펴보는 것이다. 아마도 지금까지 이 책을 읽어 온 당신의 날개는 온전하다는 생각이 든다.

희망을 말하기 전에 먼저 자신을 믿어라. 당신의 날개를 믿어라. 그리고 자신을 믿고 희망을 만드는 구체적인 방법을 생각해 보자. 어떻게 희망을 만들어 갈까?

잽을 자주 날려라

아주 작은 희망, 별로 큰 힘 들이지 않고도 달성할 수 있는 작은 목표부터 시작한다. 권투의 잽처럼 짧은 펀치를 자주 내지르는 것이다. 이는 성공 확률도 상당히 높다. 처음부터 욕심만 앞서서, 혹은 화려한 과거를 잊지 못해서 희박한 희망으로 큰 펀치를 뻗지 마라. 작고 달성하기 쉬운 목표를 단기간에 추진하라. 아무리 작다고 해도 달성은 달성이다. 잽은 자신감을 회복하는 데 큰 도움이 된다. 한두 개의 잽이 쌓이다 보면 자신감에 탄력이 붙는다. 특히 아주 큰 좌절과 실의에 빠졌을 때 효과적이다. 시간이 흐르고 작은 성공들이 하나둘 쌓일 즈음, 그다음 목표의 크기와 난이도를 점차 높여 가자.

여러 개의 일을 동시에 시작하라

앞서 잽의 횟수에 초점을 뒀다면 이번은 잽의 종류를 늘리는 방법이다. 한 분야가 아니라 여러 분야로 나눠서 작은 목표들을 동시에 추진하라. 멀티태스킹이다. 여러 종류의 작은 성공 습관이 자리 잡히도록 훈련하는 것이다. 그러다 보면 스스로를 매우 바쁘게 만드는 효과도 있다. 실패의 늪에서 잠시 빠져나와 다른 일에 몰입하다 보면 과거에 겪었던 실패의 두려움을 빠르게 몰아내고 희석하는 효과를 기대할 수 있다.

단기 목표를 설정하라

목표에 도달할 시간을 짧게 잡아라. 장기보다는 단기적인 목표 달성에 치중한다. 단계별로 목표를 수립하되 쉽게 달성 가능한 단기적인 목표부터 반복해서 달성하다 보면 짧은 시간 내에 자신감을 회복할 수 있다. 처음부터 길고 큰 목표를 세우면 쉽게 지치고 열정을 지속하기 어렵다.

구체적인 목표와 날짜를 정하라

막연한 희망, 바람은 그림의 떡일 뿐이다. 손에 잡히지 않는 희망은 10년이 지나도 소용없다. 희망을 손에 잡히도록 현실화하는 것이 계획이다. 계획은 미래를 현재로 가져오는 것이다. 목표를 이루려면 구체적인 내용과 데드라인을 적시해야 한다. 예컨대 '2022년 12월 31일까지 1억 원을 저축한다'처럼 구체적으로 명시한다. 전체 목표와 세부 내용을 각각 열거하고 데드라인에서 출발해 거꾸로 우선순위를 하나하나 작성해 본다. 머릿속으로만 그리지 말고 종이 위에 써 보라. 그리고 책상, 화장실에도 붙여 보자. 남들이 볼까 봐 쑥스럽다면 지갑에라도 넣어 다녀라. 그래야 마음에 새겨진다. 시각과 멘탈은 연결돼 있다. 그러니 하루에도 몇 번씩 꺼내 봐야 한다.

우리의 일상은 너무나 많은 유혹과 쾌락들에 둘러싸여 있다. 목표를 이루려면 이런 순간의 유혹과 쾌락을 잠시 뒤로 미루거나 포기해야 한다. 계획이란 미래를 위해 지금 뭔가를 하는 것이다. 그 계획에 들어갈 핵심 내용은 자신의 열망, 우선순위, 자원, 데드라인 등이다. 이것들을 하나하나 종이에 써 가며 보완하고 다듬어 가는 것이 희망을 만드는 시작이다.

흔히 태양이 뜬다고 말하지만 정확히 이야기하면 태양은 움직이지 않고 제자리를 지킨다. 그러므로 태양은 뜨는 게 아니라 우리가 움직이는 것이다. 태양은 늘 그 자리에 고정돼 있고 지구는 매일 엄청난 속도로 자전과 공전을 반복하고 있다. 그 덕분에 사계절이 있고, 일출과 일몰을 볼 수 있다. 결국 우리가 매일 아침에 맞이하는 태양은 우리가 만든 생각이며 시각 중심의 사고가 가져온 편견이다.

희망은 태양과 같다. 살아가는 동안 우리는 간혹 태양을 보지 못할 때도 있지만 이는 태양이 없어진 게 아니다. 구름에 가려 보이지 않았을 뿐이다. 태양은 늘 같은 자리에서 우리를 비추고 있다. 희망도 늘 존재한다. 다만 지금은 뭔가에 가려져 있을 뿐이다. 당신이 살아 있다면 희망도 살아 있다. 그렇다면 포기라는 말은 당신에게 존재할 필요가 없는 단어다.

추락이
아니라
착륙이다

KDI 한국개발연구원에 의하면 우리나라의 경제는 2021년에 수출이 개선되며 3.8퍼센트 성장하고 2022년에는 민간 소비가 회복되면서 3.0퍼센트 성장할 전망이다. LG 경제연구원도 올해 국내 경제가 4퍼센트 성장률을 기록할 것으로 전망했고, 한국은행 역시 2021년은 3.0퍼센트, 2022년은 2.5퍼센트 수준으로 전망했다.

하지만 이런 긍정적 전망에도 불구하고 실제로 우리 주변에는 어렵거나 망하는 회사가 속출하고 있다. 동네나 내가 주로 다니는 시내 곳곳만 해도 예전 같지 않다. 그럼에도 정치권이나 연구 기관들의 발표문을 보면 참담한 현실과는 거리감이 느껴진다. 연구 기관은 거시적 관점이라 그렇고, 정치권은 국민들에게 희망과 비전을 제시하고픈 마음이 앞서 긍정적인 측면을 강조한 결과일 것이다.

| 희망, 필요하지만 부작용을 조심하라 |

긍정이란 아직 나타나지 않은 일을 희망적으로 생각하는 것이다. 희망과 긍정은 이웃이다. 희망은 긍정을 바탕으로 현실에 점차 접근한다. 사실 긍정에는 엄청난 에너지가 숨어 있다. 역사적으로 수많은 사람이 긍정 덕분에 고통에서 벗어나 새로운 힘을 얻고 성공을 이뤘다. 긍정이 있었기에 모험을 할 수 있었고 결과적으로 문명의 발전을 이룩했다. 만약 긍정 없이 늘 이성적이고 합리적인 판단만 했더라면 세상은 이렇게 비약적으로 발전하지 못했을 것이다. 무모한 긍정주의자들의 엉뚱한 상상과 도전이 이 세상을 바꾼 것이다.

그러나 《보안으로 혁신하라》의 저자는 막연히 '다 잘될 거야'라는 사고방식이 편향적 사고로 이어져 냉정한 대책을 외면한다고 했다. 자신은 물론 따르는 무리까지 죽음의 계곡으로 몰고 가는 것인데 실제로 '내 말만 믿어라', '걱정 마라' 같은 말로 사이비 종교 지도자들은 신도들을 파멸시키고, 악덕 사업가들은 투자자들을 파산으로 내몰며, 독재자는 민중을 선동해 학살과 전쟁으로 이끌었다.

미국의 소설가 퍼트리샤 하이스미스의 《리플리》에서 유래된 리플리 증후군은 자신의 현실을 부정하면서 마음속으로 꿈꾸는 허구의 세계를 진실이라 믿고 거짓된 말과 행동을 반복하는 반사회적 성격 장애다. 이것도 지나친 긍정의 부작용이다.

| 성공에 자만하지 말고 실패를 외면하지 마라 |

기업도 정치와 비슷한 행태를 취한다. 사업이 흥할 땐 추락이나 실패 가능성을 줄여 보고하거나 아예 입에 담지 않는다. 계속되는 성공 신화에 도취해 권력이라는 견고한 아성에 둘러싸이게 되면 '추락', '감소', '하락', '실패' 등의 단어들은 권위에 움츠러들어 금기시된다. 이처럼 한쪽의 극단적인 긍정만 강조하다 보면 다른 한쪽의 위험 관리조차도 부정적인 사고로 인식하고 외면하거나 비난한다. 재난 시나리오조차 실종되는 극도의 편향 현상이 발생할 수도 있다.

망할 때도 편향이 발생한다. 손님의 발길이 뚝 끊기고 매출이 반토막 나는 등 갑자기 사업이 기울면 허둥대는 바람에 상황을 더 악화시킨다. 이성을 잃고 모든 걸 쉽게 포기하는 상태에 이른다. 또 내 사업이 멀쩡해도 주변에 망하는 회사가 많으면 '이러다 나도 망하는 게 아닌가' 하는 집단적 불안 심리까지 가세해 상황을 악화시킨다.

사장은 흥할 때나 기울어질 때나 항상 멘탈의 균형을 잡아야 한다. 하지만 현장에서는 몸과 감정이 앞서다 보니 이론과 다르게 움직인다. 긍정적인 면과 부정적인 면을 동시에 균형적으로 생각하는 일이 쉽지 않지만 이를 미리 생각해 두면 갑작스럽게 임기응변으로 대처하는 것과 결과가 매우 달라진다.

멘탈의 핵심은 침착함이다. 실패한 자의 감정에는 야수같이 예민하게 반응하는 속성이 있다. 함부로 다루면 그 성질이 포악하고 통제가 쉽지 않아 길길이 날뛴다. 반대로 너무 조심스럽게 다루면 용기까지 위축되며 쪼그라든다. 인간은 어려움에 처하면 신경이 날카로워지고 평정심을 잃기 쉬운 상태가 된다. 그래서 가장 중요한 것이 침착함을 유지하는 것이다.

위기의 순간도
침착하게 극복하는
사장의 저력

비행기 조종사에게 추락은 갑작스러운 착륙 상황이라고 할 수 있다. 일반적으로 착륙은 그냥 매번 예정된 보통의 프로세스다. 그래서 착륙은 안정적인 하강이다. 하지만 추락은 갑작스러운 일이니 불안정하고 두려움을 동반하는 하강이다. 이때 당황하고 긴장해서 조종간을 잡고 부들부들 떨기만 하거나 감정 조절에 실패해 조종간을 엉뚱한 방향으로 움직인다면 바로 죽음이다.

이 추락의 순간에 정신을 차리고 침착하게 멘탈을 유지한다는 것은 분명 쉽지 않은 일이다. 하지만 아무리 갑작스런 추락일지라도 짧지만 상황을 판단하는 찰나의 시간은 존재한다. 이때 어떻게 추락을 다루는 게 좋을까? 잘 추락하는 방법을 생각해야 한다. 생각만 해도 불편하지만 반드시 필요한 시나리오다.

| 추락을 착륙으로 만드는 법 |

첫 번째 방법은 추락 속도를 조절해서 천천히 망해 가는 것이다. 그래야 대피 시간을 벌 수 있다. 혹자는 이런 질문을 할 것이다. "망하고 있는데 속도를 조절할 여유가 있겠는가?"라고 말이다. 하지만 추락하는 중후반 단계쯤에서는 당사자인 사장 본인도 '뭔가 잘못되고 있구나'라는 감을 대충이라도 느낀다. 인생 전부를 사업에 걸고 있는 사장 특유의 촉이다. 그러므로 절박한 순간에도 생각할 시간은 있고, 절체절명의 순간에도 기회와 방법은 있다. 미국 텍사스 오스틴의 유명 광고 회사 GSD&M의 창업자 로이 스펜스도 이렇게 말하지 않았는가.

"사업가란 절벽에서 떨어지는 동안 날개를 만들어 달 수 있는 사람이다."

두 번째 방법은 추락하는 와중에 정신을 가다듬고 양손을 모두 사용하는 것이다. 통상 사업이 기울어지면 기울어지는 쪽에만 온 힘을 쏟는다. 하지만 힘의 일부는 다른 한쪽을 위해 써야 한다. 투 트랙(Two Track)을 운용하는 것이다. 사업의 현상 유지를 위해 버티는 손과 새로운 사업을 찾기 위한 손을 병행한다. 이때 주의해야 할 것은 두 임무의 책임자는 각각 전혀 다른 사람이고 독립적이어야 한다는 점이다. 상반된 일을 한 사람이 동시에 수행하면 감정이 겹쳐 이도저도 풀어낼 수 없다.

　세 번째 방법은 저돌적으로 몸을 던지는 것이다. 여기 3.5톤의 거대한 코뿔소가 있다. 폴 존슨이라는 영국의 역사학자는 코뿔소를 '노아의 홍수 이전부터 존재했던 네 발 달린 동물 중 유일하게 육중한 갑옷을 몸에 두르고도 살아남은 존재'로 규정했다. 진화론적 관점에서 보면 당연히 도태됐어야 할 동물인데 지금까지 살아남았다는 것이다.

　코뿔소는 불과 10미터 전방의 물체도 명확히 볼 수 없고 머리도 좋은 편이 아니다. 다만 무엇이든 눈앞에 나타나면 돌격할지 말지를 결정하고 돌격하기로 했다면 온몸을 던진다. 평소에는 공격성도 없고 느릿하지만 한번 움직이면 순간 시속이 최대 40킬로미터다. 3.5톤의 무게에 이 속도는 엄청난 것이다. 그러니 결과는 도 아니면 모다. 상대방은 짓뭉개지거나 줄행랑친다. 코뿔소는 한번 결단을 내리면 단순하고 우직하게 직진한다. 그 저돌성이 지금까지 코뿔소가 생존할 수 있었던 이유다. 이는 특히 위기에 빠졌을 때 고려해 볼 만한 가치가 있는 행동이다.

　사업 과정에서 실패와 추락은 반드시 존재한다. 어쩔 수 없이 추락의 길에 들어섰다면 침착하게 착륙하겠다는 마음을 가져라. 추락도 착륙의 일종이다. 다만 갑작스럽고 좀 어려운 착륙일 뿐이다.

지금 당장
사장 계획을
세워라

영화 〈기생충〉에서 "너는 계획이 다 있구나"라는 대사가 나온다. 무계획으로 살아오던 아버지가 사기를 계획하는 아들을 보며 뿌듯해하는 장면이다. 지금 어떤 위치, 어떤 상황에 놓여 있든지를 막론하고 누구나 계획이 있다. 학창 시절에는 공부 계획, 방학 계획, 놀 계획 등이 있다.

학교를 졸업하고 직장에 다니면서 크고 작은 성공과 실패를 맛보는 30대가 되면 계획이 좀 더 구체적이고 현실적으로 다듬어진다. 계획이란 먼저 '현재의 나'가 주어가 돼야 세울 수 있다. 지금 나의 환경에서 나만의 방식으로 그림을 그려 가는 것이다. 자, 당신은 사장이니 사장 계획을 세워야 한다. 나를 알아 가는 것, 나를 설정하는 것부터 시작해 보자.

패턴 파악하기

먼저 내가 어떤 일을 어떤 패턴으로 하고 있는지를 파악한다. 예컨대 시간 단위로 며칠간 했던 업무 일지를 정리해 보고 그다음 일, 월, 연 단위로 펼쳐 보면 전체적인 일의 성과와 나의 습관을 파악할 수 있다. 12개월을 한 장에 모아 작성하면 도움이 될 것이다.

강점과 약점 파악하기

두 번째는 자기의 강점, 약점이 무엇인지를 생각해 보는 것이다. 이것은 '스왓(SWOT) 분석'과 흡사하다. 스왓 분석은 기업의 내부 강점(S)과 약점(W), 외부의 위협 요소(T)와 기회(O)를 파악하고 분석해서 전략을 수립하는 기업 진단 기법이다. 이는 개인에게도 동일하게 적용할 수 있다. 강점, 약점, 기회는 그대로 쓰고 위협 요소만 '장애 요소'로 바꿔 작성해 보자.

만약 당신이 부자가 되고 싶다면 돈 버는 방법이 중요할 테고, 어느 정도 궤도에 올랐다면 돈 쓰는 방향과 계획을 미리 생각해 두는 게 좋겠다. '돈만 잘 벌면 됐지 돈 쓰는 데 계획씩이나 필요할까?'라고 생각하는 사람도 있을 것이다. 하지만 막상 돈이 들어오면 평소에 지출 방향을 생각해 뒀던 사람과 그때그때 처리하는 사람의 차이는 엄청나다. 부자에게 중요한 것은 돈의 크기가 아니라 돈을 잘 쓰는 방법이다. 돈의 미래 위치를 어디에 둘지 공부하라. 그러려면 계획이 필요하다.

몸과 마음으로 상상하기

세 번째는 이 모든 생각을 몸과 마음으로 상상하는 것이다. 가만히 앉아서 고민하는 것보다 움직이면서 생각하면 훨씬 효과적이다. 몸은 제2의 뇌다. 몸이 활성화되면 뇌도 저절로 활성화된다. 나는 걸으면서 가장 많은 상상을 하고 아이디어를 떠올린다.

골프나 야구 등 스포츠에는 '이미지 트레이닝 훈련법'이 있다. 실전처럼 머릿속으로 동작을 그려 보는 연습 방법이다. 세계적인 골프 선수 타이거 우즈는 매 홀마다 머릿속으로 스윙을 그려 본 후 샷을 날렸다. 잭 니클라우스는 "연습할 때조차 고도로 집중력을 발휘해 완벽한 스윙을 그려 보는 과정 없이 날린 샷은 단 한 번도 없었다"라고 말했을 정도로 시각화를 중요하게 생각했다. 계획도 실전처럼 그려 보는 것이다.

고작 계획을 생각하는 것만으로 정말 효과가 있을까? 그렇다. 신경 과학자들에 의하면 인간의 뇌는 실제 동작과 상상하는 동작을 구분하지 못한다고 한다. 때문에 이미지 트레이닝은 신체 훈련과 똑같은 효과를 낼 수 있다. 여기서 핵심은 아주 구체적으로 상상하는 것이다.

실제로 세계 신기록을 세운 역도 선수 장미란은 경기 두 달 전부터 경기는 물론 수면, 식습관까지 머릿속으로 상상의 시나리오를 상세하게 그렸다고 한다. 관중들의 함성과 함께 경기 시작을 알리는 소리를 듣고, 초크를 어떻게 묻힐 것인가, 어떻게 걸어 나가고, 몇 번 호흡을 가다듬고, 어떻게 바벨을 잡고 들어 올릴 것인가, 바벨을 내려놓을 때 어떤 표정을 지을 것인가 등 시작부터 마무리까지 아주 디테일하게 상상하는 것이다.

목표만 잘 세워도
추진력이
샘솟는다

자기 계획이란 자기 관리의 일부분이며 자기 관리의 현재, 미래 중 미래에 해당한다. 자기 관리란 현재를 자기 통제하에 두고 미래를 설계하는 것이다. 남의 계획이 아니라 온전히 스스로의 생각과 계획이다.

김종서의 노래 〈플라스틱 신드롬〉에는 '나는 나 너는 너'라는 가사가 나온다. 이 노래는 너무 타인과 자신을 비교하면서 살지 말자는 메시지를 담고 있다. 타인의 자유를 존중하는 독립 개체로 나와 타인을 보자는 의미다. 나를 찾고자 하는 욕구는 오래전부터 있었다. 르네상스 시대의 천재로 알려진 피코 델라 미란돌라는 '인간 존엄성에 관한 연설'에서 "너는 네가 원하는 모습으로 너 자신을 조각하면 된다"라고 했다. 동서양은 물론이고 예나 지금이나 이런 '나'의 존재 개념에 사람들이 무척 관심이 많다. 석가모니의 본명 싯타르타 가우타마에서 '싯타르타'는 '모든 소원을 이루게 하는 사람'이라는 뜻이다. 하느님의 이름 '여호와'의 뜻은 '나는 될 자가 될 것이다'이다. 모든 계획은 나를 중심으로 전개된다.

| 도파민의 마법 |

'계획하다'라는 말에는 미래와 희망이 포함돼 있다. 미래가 있어야 계획이 있고, 희망이 한 움큼이라도 있어야 계획을 세울 마음이 생긴다. 활력과 행복의 호르몬으로 알려진 도파민은 계획을 세울 때부터 분비된다. 도파민은 행복, 흥미는 물론 보상, 동기부여, 기억, 신체의 움직임과도 관련돼 있다. 도파민이 잘 분비되면 의욕과 흥미가 생기고 성취감을 잘 느끼게 된다. 일반적으로 도파민은 목표를 달성했을 때 분비된다고 알려져 있다. 내가 하는 일이 잘 풀려서 해냈다는 성취감을 느끼면 도파민이 분비되며 우리는 행복에 젖는다.

이런 도파민이 목표나 계획을 세울 때부터 이미 분비된다는 것은 주목할 만하다. 목표를 세울 때 마음이 들뜨고 동기 부여가 되는 것도 이 때문이다. 의욕이 없고 힘이 들 때, 결과물이 나오지 않더라도 계획만으로 도파민이 분비되는 것이다.

뇌는 특정한 행동을 하면 쾌감을 얻을 수 있다고 기억한다. 그리고 다시 쾌감을 얻고 싶어서 같은 행동을 반복한다. 게다가 두 번째 행동에서는 전보다 더 큰 쾌감을 얻기 위해 연구하고 결과적으로 더 큰 쾌감을 얻는다. 그러면 세 번째에는 두 번째보다 더 큰 쾌감을 얻기 위해 더 열심히 연구하고 행동한다. 이런 식으로 쾌감을 얻기 위한 창의적 연구를 반복하다 보면 자연스럽게 많은 것을 배우게 된다. 당연히 그 사람은 점점 발전한다. 이 일련의 사이클을 도파민의 강화 학습이라고 한다.

결론은 당신이 세우는 계획이 어떤 계획인가는 그리 중요하지 않다는 것이다. 당신이 무엇을 계획하든, 계획을 세우는 순간부터 희망의 도파민을 맛보게 된다. 그러니 계획하라. 계획을 세우면 희망을 보게 될 것이고 그 희망은 또 다른 계획을 잉태할 것이다. 계획을 세운다는 것, 그 자체가 희망이고 행복의 시작이다.

위기를 새기며
하루를
시작하라

"메멘토 모리(Memento Mori)."

옛날 로마에서는 원정에서 승리를 거두고 돌아오는 장군이 시가행진을 할 때 노예가 이 말을 외치게 했다고 한다. 라틴어로 죽음을 기억하라는 뜻인데 "전쟁에서 승리했다고 너무 우쭐대지 마라. 오늘은 개선장군이지만 너도 언젠가는 죽는다. 그러니 겸손하게 행동하라"라는 의미를 담고 있다.

기업 경영에서 가장 큰 위협은 위기가 찾아왔을 때다. 경쟁에서 참담히 패배하거나 파산 직전으로 내몰리는 시기다. 당신이 사무라이라면 죽음이 임박한 상황에서 어떻게 대응해야 가장 효과적일까? 사무라이 정신을 담은 유명한 고서 《하가쿠레》에는 "반드시 죽는다는 생각을 새기며 하루를 시작하라. 미리 죽어 두라"라고 말하고 있다. 미리 죽어 두라는 것은 최악의 상황을 상상하고 받아들이라는 뜻이다. 당신이 이미 죽은 사람이라면 누구도 당신을 죽일 수 없다. 이와 같이 최악의 결과를 받아들이고 나면 어차피 잃을 것이 없기 때문에 무서울 것도 없다.

회사의 몰락을 미리 생각한다면 상황을 좀 더 담담하고 냉철하게 처리할 수 있지 않을까? 쉬 내키지는 않겠지만 회사가 파산했다고 상상해 보자. 우리 회사는 직원들이 일하기 좋은 직장이었을까? 고객들은 우리 회사와 거래하면서 어떤 기분이었을까? 우리 회사와의 거래로 사람들의 삶이 더 좋아졌을까, 아니면 더 나빠졌을까? 나는 우리 회사 제품과 품질에 자부심을 느꼈던가?

| 죽음은 가장 확실한 진리 |

옥스퍼드 출신의 미래학자이자 숙명여자대학교 서용구 교수의 책상 위에는 항상 은색의 해골이 놓여 있다. 그는 매일 죽음을 곁에 두고 하루를 생각한다. 그에 따르면 매일 죽음을 곁에 두면 나머지 일들은 스몰 비즈니스가 된다. 오늘 오후에 예정된 100억 원짜리 수주 계약도, 회사의 존망이 달린 소송 판결도 나의 죽음 앞에서는 스몰 비즈니스에 불과하다.

우리 인간이 살면서 가장 확실한 진실이 있다면 그것은 '반드시 죽는다'는 것이다. 우물쭈물하다가 죽은 버나드 쇼나 미쳐서 살다 깨어서 간 돈키호테도 모두 죽었다. 오늘 하루가 힘든 서울역 앞 노숙자도 죽을 것이고 지금 이 책을 쓰고 있는 나도 언젠가 죽음을 맞이할 것이다.

그런데 죽음이 언제 도래할지는 아무도 모른다. 내일일지 모레일지 아니면 10년 후일지 30년 후가 될지 아무도 모른다. 죽는 장소도 모른다. 심장마비로 오늘 저녁 잠자리에서 죽을지, 내일 길을 걷다가 교통사고를 당할지, 갑자기 비행기가 떨어져 운 나쁘게 파편에 깔려 죽을지 아무도 모를 일이다. 아이로니컬하게도 그런 날카로운 칼날 위를 걷는 것 같은 긴장감이 한편으로 지금 우리가 살아가는 삶의 동력이 되기도 한다.

사람들은 살아 있는 그 누구도 가 보지 않은 죽음의 세계를 늘 궁금해한다. 자기의 사후가 궁금해 미리 사건을 벌인 이도 있다. 1999년에 벌어진 괴짜 음악가 프리드리히 굴다의 이른바 가짜 부고 사건이다. 본인의 부고 기사를 읽고 싶어서 자신의 죽음을 직접 오스트리아 각 언론사에 팩스로 보낸 후 보도된 기사들을 읽었다. 이후 소속사를 통해 본인이 살아 있음을 알린 굴다는 '부활 파티'라는 제목으로 독주회를 열었다. 그는 살아 있을 때 그를 비평하던 이들이 그가 죽은 후 어떤 평가를 내릴지 궁금했다고 한다. 그리고 1년 후 그는 정말로 죽었다. 죽음은 누구에게나 궁금한 주제다. 누구는 기억되지만 누구는 잊힌다. 누구는 크게 누구는 작게 다뤄진다.

해골을 옆에 둔다는 것은 한편으로 섬뜩할 수도 있지만 죽음을 부인하지 않을 때 우리는 현재를 더욱 소중하고 가치 있게 다룰 수 있다. 한 치 앞을 모르고 오만과 비굴을 오가는 삶에서 죽음을 자연스럽게 마주볼 용기가 있다면 당당한 긴장감과 최악의 경우를 기꺼이 받아들이는 여유를 가질 수 있다. 이를 두고 이어령 교수는 죽음은 두려워하는 것이 아니라 맞이하는 것이라고 했다.

세상에 수많은 진리가 있다지만 죽음보다 강하고 확실한 메시지는 없다. 절망에 빠졌을 때나, 절정의 회열을 만끽할 때나, 성공했을 때나 실패했을 때나 죽음이라는 주제는 항상 우리가 삶을 차분하게 바라보고 통찰하게 해 주는 훌륭한 닻이다.

힘들어도
결국
다 지나간다

내가 회사를 인수할 당시 양도자 측의 부외 부채로 곤욕을 치렀던 적이 있었다. 그 일로 나는 회생과 파산을 겪게 됐고 거의 10년의 긴 시간을 실패의 뒤치다꺼리로 보냈다. 나를 위험에 빠뜨린 Y 사장을 한동안 무척 미워하고 원망도 했지만 한편으로는 그 일이 내게 긍정적인 영향도 미쳤다. 나는 바닥에서 탈출하기 위해 보험 설계사, 부동산, M&A, 세일즈 영업을 하면서 그동안 몰랐던 세상살이를 알게 됐다. 또한 각종 전문가, 컨설턴트가 되기 위한 교육과 경험을 통해 다양한 컨설팅 능력을 갖출 수 있었다. 결과적으로 이 모든 것들이 복합적으로 작용해 나의 첫 책《사장의 세계에 오신 것을 환영합니다》를 출간하는 결정적인 동력이 됐고 베스트셀러 작가라는 이름으로 지금까지와는 다른 생각, 사람들, 세계와 교류하는 계기가 됐다.

그 이후 나는 Y 사장을 다시 만나고 있다. 그가 나를 다시 만나는 이유와 내가 그를 다시 만나는 이유는 다르다. 그는 미안함 때문이고 나는 고마움 때문이다. 나를 사지로 밀어넣었던 과거를 돌이켜 보면 분명 밉기도 하지만 지금까지 전개된 상황을 보면 고마움이 컸다. 그 사건을 다른 측면으로 이해하고 받아들이게 된 것이다. 결과적으로 그는 나를 새로운 세계로 들어서게 했고 인생을 깨닫게 했으며 마음의 평안을 알게 한 가이드였다.

| 긴 호흡으로 바라보라 |

당신도 지금 누군가로 인해 손해를 입거나 치명적인 고통을 겪고 있는가. 당연히 그가 죽도록 밉고 원망스러울 것이다. 그러나 이 모든 고통은 지나고 보면 오히려 삶의 전환점이 되고 인생을 성찰하는 계기가 된다. 분명 내가 의도한 것은 아니지만 부정을 긍정으로 전환하는 기술을 저절로 익히게 된 것이다.

나는 학교 다닐 때 외운 '새옹지마'라는 고사성어가 이렇게도 내 인생에 딱 맞아떨어질 줄 몰랐다. 가끔 독자, 주변 친구들에게 "그때 건물 하나 남겨 두지 그랬어요?", "시골에 땅이라도 사 두지 그랬어요. 도움이 됐을 텐데" 등의 말을 듣는다. 하지만 나는 땅을 샀든, 건물을 남겨 뒀든 시간만 조금 지체됐을 뿐 결과는 지금과 크게 다르지 않았을 것이라고 생각한다. 망할 때는 자산의 크기와 상관없이 상황의 문제로 망한다. 망하는 상황에서는 상황을 막아야지 돈이 이를 해결해 줄 수 없다.

내가 이렇게 말할 수 있는 건 도를 깨쳤기 때문이 아니라 그저 담담해졌기 때문이다. 한때의 폭풍이 지나간 뒤 지금은 새옹지마의 끝자락에서 평안을 찾았을 뿐이다. 어려운 과정이 있었기에 나의 지금 인생이 좀 더 깔끔하게 정리되고 생각의 수준도 다소 맑아졌다. 그래서 요즘 나는 어떤 어려움이 닥치거나 상황이 좋지 않거나 고민거리가 생기면 "아, 뭔가 또 변화가 있으려고 하는구나. 과거에도 그랬듯이 무슨 일이 벌어질지는 잘 모르겠지만 그래서 더 괜찮은 앞날이 전개되겠지. 아니면 다른 새로운 날이 전개되려나?" 하고 생각하는 긍정적인 버릇이 생겼다.

순간순간 미운 사람, 나쁜 사람, 원망스러운 사람이 생기면 시간이 흐르고도 이런 감정이 언제까지 지속될지 스스로에게 질문을 던져 본다. 좋지 않은 상황이 벌어지면 긴 시간을 두고 지속될지, 그 감정의 면적과 부피가 어느 정도쯤일지 생각해 본다. 느긋한 마음가짐은 원망의 시간을 빠르게 흘려보낸다. 원망의 부피는 시간에 반비례한다. 시간이 흐르면 원망의 감정도 점차 희석돼 빛이 바랜다. 그러니 긴 호흡으로 바라보라.

끝까지
살아남겠다는 마음이
진짜 리더십이다

일반적으로 리더십은 구성원들에게 동기를 부여해 에너지를 결집하고 분출시켜 목적을 달성하는 수단이다. 군인은 승리, 종교인은 포교, 국가 지도자는 번영, 사장에게는 지속 성장이라는 목적을 달성하기 위한 수단이 될 것이다. 하지만 인격이 훌륭하고 덕망 높은 장군이라도 전투에서 연이어 패배한다면 그 리더십은 무의미하다. 마찬가지로 사장이 사회적 정의와 사회적 공헌이라는 숭고한 도덕적 명분으로 무장하고 선한 경영을 추구했지만 막상 회사가 도산에 이른다면 선한 리더십은 의미가 없다. 도덕과 명분으로 무장된 리더십은 허상에 빠질 가능성이 크다.

공공 기관, 공기업은 높은 도덕성과 투명성이 요구되고 이익이 나지 않아도 공익의 목적만 분명하면 존속에 문제가 없다. 그러나 사기업의 생존은 철저하게 수익에 기반한다. 이익이 없는 회사는 존재할 수 없다.

한마디로 경영에서 '서바이벌 리더십'은 현실을 직시한 실사구시의 리더십이다. 경영은 과거를 유지하는 일이 아니라, 현재의 문제를 풀어 미래의 목적을 추구하는 일이다. 하지만 아무리 사회적 책임을 비롯한 훌륭한 마인드로 회사를 경영하더라도 생존이 담보되지 않는다면 그런 경영은 빛 좋은 개살구에 불과하다. 여기서 생존이란 손익 분기점이 단 1원이라도 넘는 상태를 말한다. 사람이든 기업이든 살아 있어야 기회가 주어지는 것이다.

하지만 서바이벌 리더십은 기업의 다른 여러 가치들과 충돌하는데, 이런 충돌은 불가피하다. 품질 우선, 기술 우선, 서비스 우선, 고객 우선, 직원 우선 등 기업이 추구해야 할 가치는 다양하다. 평소에는 이런 가치를 추구하는 것이 아무런 문제가 없다. 그러나 여러 가치들이 서로 충돌할 때 선택의 기로에 서게 된다. 당신이라면 어떤 가치를 우선할 것인가? 가장 예민하고 대표적인 도덕 우선 가치와 서바이벌 리더십의 충돌을 예로 들어 보겠다.

| 깨끗한 신념은 배신하지 않는다 |

L 사장이 경영하는 가구 제조사는 조직원 60명 정도의 규모지만 세계적인 수출, 수입 유통망을 모두 가진 건실한 강소기업이다. 사업 초기에는 외국에서 주로 가구를 수입해 국내 부유층, 호텔에 납품해 왔으나 점차 입소문이 나면서 개인 맞춤식 주문 고객이 늘어나고 있다. 그런데 최근 L 사장

에게 고민이 생겼다. 대형 발주 업체에서 발주 조건으로 술자리, 향응, 리베이트를 요구하는 사례가 빈번해진 것이다.

한 대형 건설 업체에서 아파트 단지 가구 납품 제의가 들어왔다. 성사되면 단기간에 현 매출의 세 배 가까이 신장할 수 있어 회사의 CEO로서는 절호의 기회였다. 하지만 L 사장은 평소 높은 윤리 의식을 지닌 기업가였기에 이 제의를 정중히 거절했고 결국 거래는 성사되지 않았다. 그렇지만 그 이후 회사의 매출은 코로나19 사태로 인한 불황에도 불구하고 꾸준히 상승세를 지속하고 있으며 최근에는 사옥도 매입했다. L 사장의 회사가 향응과 리베이트 없는 투명한 거래를 지향한다는 소문이 업계에 퍼지면서 '개념 기업'으로 자리매김한 덕분이다.

이는 지금까지 우리 사회에 만연한 뒷거래와 불법 접대 관행에서 새로운 흐름의 문화로 바꿔 나가는 좋은 사례다. 이제는 뇌물이나 이권을 거절해야 장기적으로 회사의 성장에 도움이 된다는 신호다. 과거에는 거의 찾아볼 수 없던 보기 드문 사례이기도 하다.

사실 중소기업이 도덕 우선 가치를 추구하는 것은 분명히 위험하다. 하지만 이런 이미지가 지속적으로 축적된다면 공정을 중시하는 MZ세대의 가치관과 맞물려 언젠간 엄청난 폭발력으로 시장을 장악할 수 있을 것이다.

세상은 항상 선과 악이 혼재되어 정반합을 반복하고 있다. 기업의 생존과 도덕성의 충돌은 리더십과 직결되며, 결국 사장은 지속적으로 자정하는 노력이 필요하다. 우리보다 먼저 기업 생태계가 형성된 미국 실리콘밸리는 이상적인 기업 생태계로 유명하다. 이곳 또한 보이지 않는 곳에서 뒷거래가 성행한다는 점은 우리와 별반 다르지 않지만, 그런 부조리를 제거하고 올바른 기업 문화를 만들려는 노력은 훨씬 치열하고 공개적이다. 또한 혁신에 너그럽고 이성적으로 받아들여진다는 점이 우리와 비교된다. 최근 한국 사회도 변화에 대한 두려움에서 벗어나 투명성과 도덕성이 점점 확산돼가는 것은 다행스러운 일이다.

성공하는 사람은
유쾌함을
잃지 않는다

2021년 4월 25일, 102년 한국 영화사에 있어 오스카상을 탄 최초의 배우 윤여정의 수상 소감에 국제적인 찬사가 쏟아지고 있다. 그의 말에는 여유와 '유쾌함'이 가득하다. 한 신문은 '유쾌한 74세'라는 제목을 달기도 했다. 오스카 수상의 영화 〈미나리〉의 이야기보다 한 배우의 수상 소감이 더 주목받는 것도 특별한 일이다. 아마도 그의 유쾌함 덕분일 것이다. 윤여정은 그동안 이혼, 자녀 교육, 생활고, 이민 생활 등 이루 말로 다할 수 없는 고단함과 역경을 겪었다. 그럼에도 그가 이번 오스카상을 받으며 보여 준 유쾌함은 한 순간의 재치로 만들어진 것이 아니라 그간의 내공이 차곡차곡 쌓인 결과일 것이다.

코미디언으로 출발해 꾸준히 최고의 인기를 유지하고 있는 국민 MC 유재석도 유쾌함의 아이콘이다. 지상파 방송 3사 연예대상과 백상예술대상을 통틀어 총 16회 대상을 수상한 역대 최다 대상 수상자이며, 이른바 그랜드슬램을 달성한 단 두 명의 예능인 중 한 명이다. 그의 얼굴에는 항상 미소와 유쾌함이 가득하다. 유년 시절에는 철없고 개념 없었다지만 지금의 그는 철두철미한 자기 관리와 성실함으로 어떤 스캔들이나 사건, 사고, 잡음이 나온 적이 거의 없는 자기 관리의 상징이 됐다.

| 가난과 전쟁 속에서도 지치지 않는 비결 |

《백 살까지 유쾌하게 나이 드는 법》의 저자 이근후 교수는 웃는 얼굴이 가장 멋진 할아버지다. 올해로 87세, 그는 왼쪽 눈의 시력을 완전히 잃었고 당뇨, 고혈압, 허리 디스크, 관상 동맥 협착 등 일곱 가지 병을 앓고 있다. 젊어서는 지독한 가난과 전쟁 속에서 유년기를 보냈고, 4·19와 5·16 반대 시위에 참여해 감옥 생활을 하는 바람에 변변한 직장도 없이 네 명의 아이를 키우며 생활고를 겪기도 했다.

그는 이화여자대학교 교수이자 정신과 전문의로 50년간 환자들을 돌보고 학생들을 가르쳤다. 또 국내 최초로 폐쇄적인 정신 병동을 개방 병동으로 바꿨고, 정신 질환 치료법 '사이코드라마'를 도입했으며, 대한신경정신의학회 회장을 역임하는 등 우리나라 정신 의학 발전에도 크게 기여했다. 그뿐만 아니라 35년간 20여 종의 책을 썼다.

사람들은 그에게 자주 묻는다.

"어떻게 그렇게 많은 일을 오랫동안 지치지 않고 할 수 있었습니까?"

이에 대한 그의 대답은 단순하다.

"하다 보니 그렇게 됐습니다."

인생에는 뜻대로 이룰 수 있는 일이 생각보다 많지 않다. 더군다나 삶은 예기치 않은 시련에 가장 크게 흔들린다. 그런데도 어쩔 수 없는 일을 해결해 보겠다고 집착하면 인생이 힘들어진다. 오히려 인생의 시련은 일상의 작은 기쁨들로 회복된다. 그러므로 우리가 취해야 하는 유일한 삶의 태도는 어쩔 수 없는 일들은 받아들이되, 그럼에도 불구하고 지금 여기에서 누릴 수 있는 작은 기쁨들을 최대한 많이 찾아 누리는 것이다. 그런 사소한 즐거움이 쌓여 결과적으로 만족스러운 인생이 된다. 그는 '어떻게 살 것인가'를 고민하는 사람들에게 말한다. 과거에 대한 부질없는 후회나 피할 수 없는 미래에 대한 불안에 사로잡히지 말고 지금 여기에서 누릴 수 있는 즐거움을 마음껏 한번 찾아보라고. 사소한 기쁨을 잃지 않는 한, 인생은 절대 무너지지 않는다고. 이것이 그가 말하는 유쾌하게 살아야 하는 이유다.

| 아무리 힘들어도 유쾌함을 잃지 마라 |

배우 윤여정, MC 유재석, 이근후 교수 모두 각기 다른 이유와 방법으로 유쾌함을 추구하고 있다. 분명한 것은 일상에서 유쾌함을 발견할 수 있어야 행복한 미래가 보장된다는 것이다. 즐거웠다가 우울했다가, 하루에도 수많은 일이 벌어지는 희노애락의 인생을 원하는 대로 컨트롤하는 것은 애당초 불가능하다. 그 어떤 상황에서도 적극적으로 즐거워할 줄 아는 능력이 우리의 행복을 결정한다.

사장은 배우나 방송인, 봉사자들과 다른 포지션의 리더지만 유쾌함을 추구해야 성공 가능성이 커진다는 본질은 같다. 가능한 미소를 머금고 사람들을 대하라. 한 발 더 나아가 목소리도 '솔' 톤을 내 주는 게 좋다. 요즘 인기 유튜브를 자세히 관찰해 보면 전부 '솔' 톤 일색이다. '도, 레, 미' 톤으로는 상대의 관심을 얻고 기분을 좋게 만들 수 없다. 그러니 유쾌함을 잃지 말고 자주 연락하고 자주 만나면서 당신이 늘 생수임을 증명하라.

그런데 말은 알겠는데 어떻게 유쾌할 수 있을까? 태생적으로 조용하거나 유쾌함과 거리가 먼 사람도 있다. 이때는 어떻게 하는 게 좋을까? 찾아보면 주변에 유쾌한 사람이 분명히 한두 명 꼭 있을 것이다. 술 사 주고 밥 사면서 '유쾌함'과 가까이 지내라. 나는 우울할 때면 꽃 시장을 한 바퀴 돌고, 게을러진다 싶으면 남대문 시장을 한 번씩 둘러본다. 유쾌함과 즐거움은 주변에 전염성이 강하다. 그들과 같이 그런 장소에서 지내다 보면 긍정적인 기운을 전해 받는다. 못해도 유쾌함을 구경이라도 할 수 있다.

이렇게 인위적으로라도 유쾌함을 가질 필요가 있다. 유쾌함으로 일이 잘 풀리든, 일이 잘 풀려서 유쾌하게 되든 얻을 수 있는 결과도 효과도 같다. 특히 지금 당신이 위기의 늪에 빠져 있다면 더욱 그리해야 할 것이다. 부자는 허름한 옷차림으로 다니면 검소하다는 말을 듣지만 거지는 불쌍하다는 말을 듣는다. 그러니 일단 표정과 목소리부터 부자 스타일, 유쾌함으로 단장해 보자.

과거의
부정적인 기억으로
현재를 망치지 마라

실패나 몰락의 과정에서는 미운 사람이 꼭 생긴다. 그리고 이 미운 감정에는 대부분 돈이 얽혀 있다. 사업에서는 대부분 그렇다. 나도 사업을 하면서 빚을 진 적도 많았고 빌려주고 돌려받아야 할 돈도 많았다. 그러나 인간은 줄 돈보다 받을 돈이 훨씬 더 억울하고 기억도 또렷한 법이다.

사업이 한참 잘되던 시절 외부 인재를 스카우트하면서 개인 명의로 직원들에게 돈을 빌려준 적이 있다. 물론 공식적인 서류를 작성했고 일부는 공증까지 받았다. 그리고 훗날 내가 사정이 어려워져 반환 청구를 했지만 자기들도 어렵다며 차일피일 미루다 보니 소멸 시효 10년을 훌쩍 넘겨 버렸다. 그들은 여전히 나를 코스닥 대표 이사 시절의 엄청난 부자로 생각했고 '부자는 망해도 10년 간다'는 생각을 했었는지 갚을 의지가 전혀 없었다. 그들이 괘씸해 법적 절차를 밟을까, 악착같이 받아 낼까도 생각했지만 근근이 살아가는 직원들의 소식을 들으니 마른 걸레를 쥐어짜는 기분이라 그만두기로 했다. 사실 이 결정은 내가 성인군자라서가 아니라 내 마음이 편하기 위해서 내린 것이었다. 과거의 돈과 부정적인 기억으로 나의 현재를 망치고 미래를 방해받고 싶지 않았기 때문이다. 솔직히 말하면 용서가 아니라 포기다.

사업을 하든 직장을 다니든 우리 주변에는 수많은 증오와 복수 심리가 도사리고 있다. 하지만 죄를 지어도 제대로 죗값을 치르지 않는 현실에 대한 분노와 복수심이 최근 방영중인 TV 드라마들을 통해 열광적 인기로 나타나고 있다. '사적 복수 대행극'을 표방한 〈모범택시〉는 순간 최고 시청률 18퍼센트를 기록하기도 했다. 20년간 억울하게 옥살이를 하고 나온 김철진은 격앙된 목소리를 토해 냈다.

"뭐라고요? 그놈 때문에 가족도 잃고 친구도 잃고 다 잃었는데 아무 벌도 안 받는다는 게 말이 됩니까? 공소 시효가 사람보다 중요해요? 무슨 법이 이따위야?"

명함에 '죽지 말고 복수하세요. 대신 해결해드립니다'를 적어 둔 복수 대행업체의 사장은 복수의 당위성을 '값싼 용서로 괴물을 키운 사회 탓'이라고 이야기한다.

드라마 〈빈센조〉 역시 법의 테두리 안에서 단죄할 수 없는 재벌과 그 하수인들에게 마피아식 복수를 펼치고 있다. 이런 드라마가 열광적 인기를 얻고 있는 이면에는 현실적인 복수가 법적으로 막힌 데 있다. 사람들은 꽉 막힌 스트레스와 울분을 극중의 영웅적인 복수로나마 지켜보며 사이다 같은 쾌감을 맛보고 싶어 한다. 복수는 쉽고 용서는 어렵다. 상상이든 현실이든 복수한다는 것은 용서하지 않는다는 뜻이다.

| 용서가 나를 돕는다 |

용서란 잘못을 범한 사람의 잘못을 사해 주는 행위, 더는 그가 잘못한 것 때문에 그 사람에게 분개하지 않고 보상을 요구할 모든 권리를 포기하는 것이다. 용서에도 종류와 급이 있다.

먼저 인간이 할 수 있는 가장 일반적인 용서다. 공간의 차단과 시간의 흐름으로 인해 용서하는 것이다. 그 공간에서 멀어지고 시간이 흐르면서 차츰 잊는 것이다. 용서라기보다는 사실상 물리적인 힘에 의한 차단이라고 봐야 할 것이다. 포기일 수도 있다. 이렇듯 순간의 증오심과 원망도 시간이 흐르면서 소멸돼 간다. 이때 시간은 용서의 명약이다.

나도 그동안 원망하고 용서되지 않던 인물들이 무수하다. 예컨대 증권사 시절 나를 지점으로 쫓겨나게 한 L 부장, 부외 채권으로 엉뚱한 빚을 지게 한 Y 사장, 자신의 조그마한 이익 때문에 나를 버린 오랜 친구 M 사장 등이다. 이들도 15년, 20년이 훌쩍 지나니 나의 기억에서 점차 잊히고 증오감도 소멸돼 가고 있다. 어쩌면 용서가 아니라 망각이다. 만약 그때의 상황이 계속해서 선명하게 재연된다면 쉽게 용서할 사람이 과연 몇이나 될까?

두 번째는 진정한 용서다. 자기 아픔은 남의 것처럼 객관화하고 남의 아픔은 역지사지로 이해하고 배려하는 너그러운 용서다. 시간이 배제된 용서다. 영어로 용서(Forgive)에는 '죄를 제거하다'의 의미도 있다. 얼마 전 친구 어머니가 88세로 새벽 운동 나가셨다가 택시에 변을 당했다. 하지만 그의 가족들은 택시 운전사에게 더 이상 책임을 묻지 않았다. 택시 운전자가 33세 젊은 나이에 본의 아닌 사고로 평생 멍에를 지고 가는 걸 원치 않았기 때문이다. 청년의 장래를 위해 자기의 분노와 미움의 감정을 내려 둔 것이다. 쉽지 않은 용서라 생각한다.

사업에서 용서란 상대를 위한 측면보다는 본인을 위해 필요한 태도라는 걸 말하고 싶다. 원망과 분노의 기억으로 시간을 보내는 것보다 희망을 갖고 미래를 계획하며 사는 것이 실리적이라는 의미다. 보통 사람들은 성인군자가 아니기 때문에 큰일이든 작은 일이든 용서가 안 되는 게 당연한 심리다. 그렇다면 차선으로 잊도록 노력하고 기억이 떠오르는 공간과 멀어지거나 관련된 요소를 제거하는 것도 하나의 방법이다. 자신을 위해서라도 잊고 용서하라. 당신의 미래를 위해 과거를 용서하는 것이다.

사장은
물의 성질을
가져야 한다

사람의 몸은 약 70퍼센트가 물이다. 어린이는 90퍼센트, 성인은 70퍼센트, 노인은 60퍼센트, 죽을 때는 50퍼센트 정도다. 우리 몸에 물이 1~3퍼센트 부족하면 심한 갈증이 나고, 5퍼센트 부족하면 혼수상태에 빠지고, 12퍼센트가 부족하면 사망하게 된다. 그렇다면 물의 속성과 성질은 우리의 삶과 아주 밀접하다고 유추할 수 있다. 지금 당신이 겪고 있는 어려움을 극복하려면 멀리 갈 것 없이 우리가 늘 가까이하는 물에서 지혜를 배우는 게 좋다. 물이 곧 사람이고 사람이 곧 물이기 때문이다.

"마음을 비워라. 물과 같이 어떤 형체도 갖지 마라. 물은 컵에 따르면 컵이 되고 병에 따르면 병이 되며 주전자에 따르면 주전자가 된다. 이처럼 물은 날 수 있고 추락할 수도 있다. 친구여, 물이 되어라."

이소룡이 한 말이다. 흔히 물은 초연하게 살기를 권유하거나 겸손을 말할 때 자주 비유하는 말이다. 나는 물의 의미를 실용적으로 재해석하고 싶다. 실패의 난관을 헤쳐 나가고 문제를 해결하고 희망을 찾는 방법으로 말이다.

희망은 물처럼 모든 곳에 존재한다

물은 지구 위의 거의 모든 곳에서 발견되며 지표면의 10퍼센트를 덮고 있다. 강, 바다, 폭포, 웅덩이, 저수지, 북극, 남극, 에베레스트산에도 물이 있다. 물은 때로는 증발해 공중을 날아다니고, 구름이 돼 하늘에 머무르기도 하며, 작은 물방울끼리 합쳐 비로 내렸다가, 땅 밑으로 스며들어 지하수로 흐르기도 한다. 나는 이때 물을 희망으로 해석한다. 물이 땅, 하늘, 지하 모든 곳에 존재하는 것처럼 희망 또한 어떤 고난과 역경에도 반드시 존재한다는 뜻으로 말이다.

다양한 길을 찾아내는 존재다

물은 언제나 아래로 흐르지만 그렇다고 외길만을 고집하지 않는다. 저항이 적은 모든 길을 동시에 좇는다. 문제를 동시다발적으로 해결한다. 흔히 사람들은 어려움이 닥치면 당장의 한 가지 일에만 정신이 팔려 다른 걸 보지 못하거나 현재 고통에 매몰돼 미래를 살피지 못한다. 방법을 찾는다 해도 한 가지로만 해결하려 한다. 하지만 물은 여러 가지 방법으로 길을 찾는다. 우리도 여러 방법으로 현재와 미래를 보면서 동시다발적으로 해결책을 모색해 나갈 수 있다.

고정된 형체가 없다

물은 고정된 형체가 없다. 컵에 담으면 컵이 되고 양동이에 담으면 양동이가 되며 어떤 형태로도 존재할 수 있다. 표준 온도 압력(섭씨 25도 1기압)에서는 냄새도 없고 맛도 없는 무취 무미한 액체다. 하지만 온도가 바뀌면 고체 상태의 얼음 또는 기체 상태의 수증기라 부른다. 물과 얼음의 색은 본질적으로 살짝 파랗지만 물은 양이 얼마 없을 때는 빛깔이 없는 것으로 보인다. 얼음 또한 색이 없어 보이며 수증기는 기체이므로 눈에 보이지 않는다. 섭씨 100도에서 수증기의 부피는 액체 상태의 부피에 비해 약 1,244배 정도 증가한다. 물은 고정된 형태나 색도 없으며 크기도 정해져 있지 않다. 그래서 특정 이념에 사로잡히지 않는다. 때로는 단독으로 존재하고, 때로는 연합하며 유연하고 다양한 몸짓으로 문제를 해결한다.

사랑과 배려의 속성을 가진다

물은 무취 무미지만 다른 맛, 향과 결합해 사람들의 입맛을 즐겁게 해 준다. 때로는 먹기 좋은 시원한 얼음과자가 돼 주기도 하고, 즐겁게 뛰어놀 수 있는 아이스링크 빙판이 되기도 한다. 다른 이의 손길에 저항하지 않고 그의 뜻에 따라 기꺼이 원하는 것으로 변한다. 물의 속성에는 사랑과 배려가 깃들어 있다.

좋은 것은 좋은 것끼리 끌어당긴다

물 분자를 이루는 산소는 음전하, 수소는 양전하를 가져 극성을 띤다. 이런 극성 때문에 물은 서로 결합해서 큰 덩어리가 될 수 있다. 사람들이 흔히 저도 모르게 끌린다고 말하는 것도 실은 물의 자기력 때문일 수도 있다. 인간관계에는 분명 매력이라는 극성이 있고 실패와 성공에도 극성이 있다. 좋은 것은 좋은 것끼리, 좋지 않은 것은 좋지 않은 것끼리 끌어당기며 패턴을 이루고 규모를 키우곤 한다.

엄청난 에너지를 갖고 있다

물은 때로는 거대한 빙하가 돼 바위를 보잘것없는 조약돌로 만들어 버리기도 하고, 산 전체를 평평한 평지로 만들어 버리기도 한다. 때로는 거대한 댐에서 힘을 축적하고 있다가 일시에 수백만 톤의 힘으로 깊은 계곡을 만들기도 하며, 쓰나미로 몰려와 한 도시를 쓸어 버리기도 한다. 이처럼 물은 엄청난 에너지를 갖고 있다. 함부로 힘을 쓰지 않지만 가끔은 이 힘을 발휘해서 문제를 일시에 해결하는 것이다.

힘든 상황도 이겨 낼 수 있는 인내심이 있다

물은 지치고 어려울 땐 땅속 깊숙한 곳에서 지하수로 숨어 있다. 마치 존재하지도 않는 것처럼 한정 없는 인고의 세월을 보내기도 한다.

사람은 물로 구성된 유기체다. 그러므로 물의 성질이 곧 사람의 성질이다. 당신이 지금 겪고 있는 이 모든 성공과 실패의 원인과 결과도 물의 성질에서 비롯된 것이다. 그러므로 이 고통과 환란을 벗어나려면 물을 주의 깊게 관찰하기 바란다. 당신과 나는 물이다. 그러니 물에서 서로 배우고 물처럼 살아야 한다.

왕관의 무게를
누군가에게
물려줘야 할 때

우리 동네에서 폐지를 주워 빌라를 네 채나 가지고 있는 노부부가 있다. 평생 한 번도 가족들과 여행을 가 보지도 못하고 동네 쓰레기통을 뒤져 폐지와 빈병을 모아 팔면서 팍팍하게 살아왔다. 최근 막내딸이 결혼한 후에는 일을 그만두기로 했다. 몸도 노쇠해졌고 어느 정도 부도 이뤘으니 돈 벌 의욕이 떨어진 것이다.

최근 그녀는 처음으로 가족 여행을 떠나기로 해 부푼 꿈에 들떠 있었다. 그런데 여행은 결국 무산됐다. 얼마 전 계단을 내려오다가 실족으로 오른쪽 다리를 크게 다쳐 입원했기 때문이다. 당분간 여행의 꿈은 접었다. 꿀벌처럼 알뜰살뜰 일하며 모아 놓은 돈도, 빌라 네 채도 아무런 의미가 없어졌다. 그 돈으로 자녀들은 풍요롭게 만들었지만 정작 자신은 거지처럼 살다가 병상에 누워 지내는 신세가 됐으니 말이다.

중소기업이나 대기업의 상속 승계도 개념의 맥락은 같다. 우리는 인생의 끝에서 세상에 무엇을 남길 것인가? 돈을 남길 것인가? 이름을 남길 것인가? 회사를 남길 것인가? 빌라를 남길 것인가? 언젠가는 반드시 맞이할 미래에 대한 설계, 상속 계획이 필요하다.

그동안 지구상에서 수많은 사람들이 태어나고 죽었다. 알렉산더 대왕처럼 영토를 확장한 욕망의 대명사로 남을 것인가? 노벨처럼 속죄하는 마음으로 노벨상을 남길 것인가? 일부 재벌가 회장처럼 자식들에게 회사를 넘기면서 형제 간의 불화를 남길 것인가? 혹은 전 재산을 기부하고 홀가분하게 떠날 것인가?

재미 유산 상속 변호사 박영선의 《내일 죽을 것처럼 오늘을 살아라》에 의하면 "죽음은 삶의 반대가 아니라 삶의 일부다"라고 했다. 살아 있는 동안 죽은 후의 대비가 필요하다. 바로 정리와 상속이다. 흔히 상속은 재벌들만의 문제라고 치부하는 경향이 있다. 하지만 상속은 부자든 중소기업 사장이든 작은 가게의 주인이든 뭔가를 갖고 있는 사람이라면 누구나 생각해야 할 과제다. 또 상속은 비단 돈 문제만이 아니라 무형의 정신적 가치의 유산도 포함한다. 상속 대상자도 꼭 자식이나 핏줄로 국한되지 않는다. 당신은 누구에게 어떤 가치관과 정신을 언제 어떻게 물려줄 것인가?

요즘은 사전 상속에 대한 개념이 어느 정도 확산됨에 따라 미리 재산을 정리해 자녀들에게 나눠 주는 것이 일반화됐다. 간혹 상속 이후 독립적인 삶을 살아가는 부모들도 있지만 대개는 재산을 상속받은 자녀가 가업은 물론이고 자신을 죽을 때까지 돌봐 줄 것이라는 기대를 품는다. 하지만 현실은 많이 다르게 나타난다. 자녀가 기대치에 못 미치거나 사위나 며느리가 상처를 주는 변수가 발생하기 때문이다. 그래서 많은 부모가 상처받고 후회한다. 이를 대비해 미리 상속하려면 제대로 계획하고 실행해야 한다. 돈과 주변의 인간관계, 능력의 변수까지 고려해야 한다.

지금 우리 사회는 두 가지 상반된 슬로건을 동시에 외치고 있다. 하나는 정치, 사회, 기업 등에서 말하고 있는 '청년 기수론'이다. 기존의 구습을 벗어나 새로운 4.0 시대에 적응하려면 젊고 신선한 세대가 이 시대의 리더가 돼야 한다는 것이다. 다른 하나는 100세 시대를 맞이해 수명도 늘어났으니 60세 정년이 아니라 80세, 90세, 100세까지 은퇴 없이 현역으로 활동하자는 슬로건이다. 둘 다 설득력 있는 말이지만 공존할 수 없다. 모순의 충돌이다. 이 둘의 슬로건 중 어느 쪽을 따라야 할까?

| 때가 되면 역할을 옮겨라 |

자수성가형 사장일수록 그 자리에 오래 머물고 싶어 하는 경향이 강하다. 자기 손으로 회사를 일궜기에 회사를 본인의 일부로 생각하고 누구보다도 애착이 강하다. 하지만 나이는 결코 숫자에 불과한 게 아니다. 나이가 들면 전반적으로 기능이 떨어진다. 큰 분노는 잘 다스리지만 작은 분노는 다스리기 힘들어진다. 큰 분노는 이성으로 다스릴 수 있지만, 작은 분노는 대개 간 기능이 쇠퇴해서 감정이 예민해진 결과이기 때문에 자신도 통제하기 어렵다. 특히 판단력과 순발력이 현저히 떨어지는데 이 두 가지는 사장에게 가장 필요한 핵심 기능이다.

신체를 움직일 수 있다는 이유만으로 사장 자리를 끝까지 꿰차고 있으면 뜻밖의 돌발 사태에 대응하지 못하고 단번에 몰락의 길로 들어설 수도 있다. 한 사람의 노쇠한 뇌 활동에 수많은 직원과 그 가족이 생사를 걸어야 한다면 그것은 러시안룰렛 같은 도박이 될 수 있다. 그러므로 때가 되면 논리적이고 기술적인 판단과 발 빠른 결정은 젊은 딸과 아들에게 맡기고 통찰과 지혜를 나누는 훈수꾼 자리로 서서히 역할을 옮겨야 한다.

스스로 물러난다는 것은 결코 쉬운 결정이 아니다. 그것은 가지고 있는 기득권을 포기하는 일이기 때문이다. 자수성가형 사장이 위임과 승계를 미루거나 꺼리는 이유는 대략 네 가지 정도로 요약된다. 첫째는 영예를 잃을 것에 대한 염려, 둘째는 좋아하는 일을 계속 하고 싶은 욕심, 셋째는 후계자의 능력에 대한 불안감, 넷째는 당장 매출 올리기에도 시간이 빠듯한데 후계자를 따로 훈련시킬 여유가 없다는 초조감이다.

역사를 되짚어 보면 자기가 아니면 안 된다고 생각했던 권력자가 많았다. 하지만 권력자의 사후에 달라진 것은 별로 없다. 특정한 리더만이 적임자라는 생각은 착각이고 오만이다. 세계의 인구 중 한 명이라는 마음으로 살아야 한다. 설령 내가 죽고 세상이 변한다 해도 역사의 변곡점에 내가 있었다는 정도로 받아들여야 한다. 세월을 이기는 장사는 아무도 없다. 그러므로 사장은 어느 정도의 역할이 끝나면 후계자를 세우고 물러나는 것이 도리다. 그것이 조직의 연속성을 위해 리더가 취해야 할 마지막 책무이며 세대를 잇는 지도자의 덕목이다.

상속 문제는 육상 계주를 이어가는 바통 터치와 같다. 오너 입장에서는 내려놓고 전달하는 것이지만 후임자는 대신 받아서 짊어지는 것이다. 내가 내려놓는 만큼 그가 무게를 감당하는 것이니 그 무거움을 이해하고 배려하는 마음이 필요하다. 수성의 노력만큼 후계도 그만큼의 전략과 인내가 필요하다.

후계 구도는 본인의 건강, 회사의 재무 추이, 상속 세금, 조직 구도, 예비 후계자의 능력 등을 종합적으로 고려해서 장기적으로 진행해야 한다. 자칫 방치하거나 단순하게 생각하면 어렵게 이룬 평생의 업적은 물론이고 가족의 화목까지 한순간에 잃을 수 있다.

차원을 달리하면
고통은
내 것이 아니다

　급할 때, 어려울 때, 힘들 때일수록 한 템포 쉬어 가야 한다. 감정이 앞설 때 성급하게 결정하지 마라. 이때는 헬기를 타고 공중에 떠야 할 때다. 잠시 헬기를 타고 자신을 내려다보는 시간이다. 지금 내가 얼마나 허둥대고 있는지, 얼마나 화났는지, 얼마나 이기적이고 비열한지, 이 미움과 엄청난 고통이 진짜 나의 것인지 보라. 나에게 매몰돼 있으면 결코 자기를 바라볼 수 없다. 나를 벗어나 3차원, 4차원으로 넘어가야 내가 보인다.

　차원을 달리하여 자기를 바라보는 자기 객관화에는 세 가지 방법이 있다. 첫째, 각도를 달리해서 나를 본다. 위에서 아래로 내려다보거나, 밑에서 위로 올려다보거나, 비틀어 보는 것이다. 같은 사물도 바라보는 위치에 따라 원형, 사각형, 삼각형, 원뿔 모양 등으로 달리 보인다. 이제까지 거울을 통해 본 나를 넘어 전혀 다른 나를 발견하게 될 것이다.

두 번째는 마이크로 앤 매크로(Micro & Macro) 스케일 방식이다. 상황을 극적으로 작게 보거나 극적으로 크게 보는 방법이다. 예컨대 우주 공간에 펼쳐진 수억 개의 행성 중 지구에서 출발해서 아시아, 한국, 서울, 마포구, 합정동, 10번지, 가로수 아래 내가 서 있는 공간까지 도착해 본다. 과연 이 자리가 어떤 의미를 갖는지, 내가 왜 이 자리에 서게 됐는지를 생각해 보자.

반대로 지금 내가 서 있는 곳을 세상의 중심으로 삼고 모든 우주가 나를 위해 존재한다고 가정해 볼 수도 있다. 위축됐을 때 쓰면 괜찮은 방법이다. 평소에는 보잘것없는 점에 불과했지만, 생각을 확장하고 가치를 부풀리면 스스로가 하나의 행성이 되고 우주의 중심이 되기도 한다.

자신의 존재가 보잘것없이 여겨질 땐 나를 위로하는 방법이 되고, 내가 너무 대단하게 느껴질 땐 자만에 빠지지 않는 방법이 될 것이다.

마지막 세 번째는 개미나 곤충, 박테리아 등 작은 생물과 나를 비교하면서 나의 우월성과 위대함에 자부심을 느껴 보는 것이다. 마태복음에 나오는 요나처럼 3일 낮밤을 큰 물고기의 배 속에 갇힌 상상을 해 보기도 하고, 미물에 감정 이입해서 자신의 배 속으로 자신이 들어가 보는 여행도 할 수 있다. 그러다 밖으로 빠져나오면 내가 내 몸속에 있는 100조 개의 박테리아 집합체를 지휘하는 총감독임을 깨닫고 으쓱해 볼 수도 있다.

다소 과대망상적이고 유치해 보일 수도 있지만 상황의 극과 극을 오가며 생각하는 것만으로 마음의 평안을 찾는 데 도움이 된다.

| 자기 객관화를 하라 |

나는 어려운 상황이나 위기의 시간에 목욕탕에서 눈을 감고 이런 식으로 무한한 상상의 차원 여행을 즐긴다. 탕 속에 몸을 지긋이 담그고 또 다른 나를 조용히 내려다보고 있으면 마음이 조금씩 풀린다. 설령 답이 나오지 않더라도 최소한 담담해질 수는 있다. 그러다 보면 위기의 순간, 초조한 시간은 자연스럽게 해결되고 답을 찾기 마련이다. 고통은 언젠가는 반드시 끝이 난다. 미움 또한 감정이 빠지고 나면 팩트(Fact)만 남는다. 사실 인간이 살아가는 데 감정을 배제한 팩트는 별것이 없다.

자기 객관화는 상황이 좋을 때도 유용하다. 성공을 거듭하다 보면 감정적으로 우쭐댈 수도 있고, 겸손과 겸허를 잊고 교만이라는 우물에 도취하게 되는데 이때 객관화가 나를 돌아보게 하거나 과도한 감정이 완화되도록 돕는다.

한 가지 덧붙이자면 이런 묵상의 시간은 온전히 혼자일 때 누리기 바란다. 친구나 연인, 배우자에게 의지하는 것과는 다른 시간이다. 온전히 혼자여야 한다. 만약 누군가 같이 있다면 대화를 잠시 끊어라. 신나고 흥분되는 계획도 가끔은 혼자 세우는 게 좋다. 산책과 묵상은 뇌를 활성화해 아이디어를 생산하는 효과도 있지만, 느리게 마음을 치유해 주는 효과도 있다. 이때 누군가 곁에 있으면 몰입이 어렵다. 그러니 온전히 혼자만의 묵상으로 자신을 차분하게 살피는 시간을 가져 보라.

어떤 일이든 마음이 편해야
성공에 이른다

이제 글의 종착지에 다다른 것 같다. 이 책을 관통하는 요지는 단 하나다. 실패를 제대로 인식하고 끝까지 견뎌라! 실패를 제대로 알아야 제대로 대항할 수 있고 최소한 발버둥이라도 칠 수 있다. 그러다 보면 저절로 살아남을 것이다. 이 세상은 살아남을 의지가 없는 자에게 냉정하다. 도움의 손길은커녕 눈길도 주지 않는다. 그러므로 악착같은 손짓과 온몸으로 절규해야 한다. 먼저 실패를 온전히 받아들여라. 그리고 이 실패가 어떻게 생겼는지 요리조리 자세히 들여다보라. 그러면 수가 생긴다. 내게 주어진 패가 성공이든 실패든, 내 현재 위치가 정상이든 바닥이든 중요한 것은 이를 정확하게 아는 것이다. 그래야 고통을 겪는 과정에서도 희망이 솟아오른다. 실패도 희망도 살아 움직이는 생물과 다르지 않다.

그렇다면 희망은 어디에서 오는가? 모든 희망은 고마운 마음에서 나온다. 사랑이 나로부터 내뿜어지는 것이라면 감사는 받아들이는 것이다. 사랑과 감사는 들숨과 날숨의 호흡과 같다. 호흡은 먼저 받아들여야 내쉴 수 있다. 그러므로 사랑하기 전에 감사부터 하라.

그리고 주변을 존중하라. 너무나 당연한 말 같지만 감사하고 존중하며 사는 것만큼 중요한 일은 없다. 곰곰이 생각해 보라. 당신의 주변에 있는 모든 것이 당신을 존재하게 만든다. 만약 무인도에 혼자 산다면 당신의 존재를 무엇으로 증명할 것이며, 삶의 의미는 어디에서 찾을 것인가? 최민자의 수필집《사이에 대하여》에는 이런 글이 나온다.

"내 안에는 내가 없다. 존재의 의미도 정체성도 없다. 내 바깥에, 너와 나 사이에, 사람과 사람 사이에 있다."

"존재의 세 기본재 뒤에 하나같이 간(間)이 따라붙는 것도 우연이 아니다. 시간(時間), 공간(空間), 그리고 인간(人間). 모든 존재의 비밀은 '사이'에 있다."

그러므로 좋든 싫든 인간은 이웃들과 함께하고 있음에 감사해야 한다. 당신이 사장이라면 사업할 수 있는 터전이 있고 직원들이 함께하는 것만으로도 감사할 일이다. 그러니 부디 감사하는 마음으로 살라.

바닥으로 추락하는 과정에서는 대개 원망, 미움, 분노가 가득하다. 일어서느냐, 실패를 지속하느냐를 결정하는 변곡점은 오직 하나, 감사의 마음에 달렸다. 화가 박서보는 "예술이란 사람들의 분노와 고통을 빨아들이고 편안함과 행복의 감정만을 남겨야 한다"라고 했다. 사업도 마음이 편안하고 행복한 감정이 충만해야 큰 성공에 이를 수 있다.

　괴로워하는 이에게는 모든 날이 불행하지만, 마음이 흥겨운 이에게는 매일이 잔칫날이다.
　그러니 감사하는 마음으로 세상을 바라보라!

책

· V, 《마피아 경영학》, 황금가지, 1996
· 가바사와 시온, 《당신의 뇌는 최적화를 원한다》, 쌤앤파커스, 2018
· 김종래, 《유목민 이야기》, 자우출판사, 2002
· 남충희, 《7가지 보고의 원칙》, 황금사자, 2011
· 노무현대통령비서실 보고서 품질향상 연구팀, 《대통령 보고서》, 위즈덤하우스, 2007
· 니콜로 마키아벨리, 《초판본 군주론》, 더스토리, 2020
· 다니엘 R 카스트로, 《히든 솔루션》, 유노북스, 2017
· 데이비드 호킨스, 《호모 스피리투스》, 판미동, 2009
· 도널드 설, 《심플, 결정의 조건》, 와이즈베리, 2016
· 로버트 기요사키, 샤론 레흐트, 《부자 아빠 가난한 아빠 1》, 황금가지, 2000
· 로저 본 외흐, 《헤라클레이토스의 망치》, 21세기북스, 2004
· 미야모토 무사시, 《오륜서》, 미래의창, 2002
· 박영선, 《내일 죽을 것처럼 오늘을 살아라》, 위즈덤하우스, 2011
· 박영숙·제롬 글렌, 《세계미래보고서 2018》, 비즈니스북스, 2017
· 박형서, 《뺨에 묻은 보석》, 마음산책, 2021
· 벤 호로위츠, 《최강의 조직》, 한국경제신문사, 2021
· 서용구·박명현, 《2030 미래에 답이 있다》, 이서원, 2014
· 송호성, 《독서의 위안》, 화인북스, 2020
· 스티븐 코비, 《성공하는 사람들의 7가지 습관》, 김영사, 2017
· 앤서니 T. 디베네뎃, 《유쾌함의 기술》, 다산초당, 2020
· 앨런 라킨, 《시간을 지배하는 절대법칙》, 디앤씨미디어, 2012
· 윤정훈, 《인생을 바꾸는 정리 기술》, 다연, 2019
· 이근후, 《백 살까지 유쾌하게 나이 드는 법》, 메이븐, 2019
· 이완수, 《부고의 사회학》, 시간의물레, 2017

· 이정동, 《축적의 길》, 지식노마드, 2017
· 이정동, 《축적의 시간》, 지식노마드, 2015
· 정진홍, 《인문의 숲에서 경영을 만나다》, 21세기북스, 2007
· 제이 새밋, 《파괴적 혁신》, 한국경제신문사, 2018
· 조영덕, 《실리콘밸리의 폐기경영》, 플랜비디자인, 2018
· 존 케네스 갤브레이스, 《불확실성의 시대》, 홍신문화사, 2011
· 최민자, 《사이에 대하여》, 연암서가, 2021
· 최송목, 《나는 전략적으로 살 것이다》, 유노북스, 2021
· 최송목, 《사장의 세계에 오신 것을 환영합니다》, 유노북스, 2017
· 최송목, 《사장의 품격》, 유노북스, 2019
· 최은수, 《4차 산업혁명 그 이후 미래의 지배자들》, 비즈니스북스, 2018
· 피코 델라 미란돌라, 《피코 델라 미란돌라》, 경세원, 2009
· 할 엘로드, 《미라클 모닝》, 한빛비즈, 2016
· 홍성태, 《그로잉 업》, 북스톤, 2019
· 황규자 외 7인, 《지친 무용수를 일으켜주는 무용 심리학》, 한양대학교출판부, 2020

기사 & 칼럼

· 금정신문, 〈사회이슈' 내가 돈이 없지 가오가 없나' …진보 논객 진중권 교수 대학교 사직〉 https://www.ibknews.com/news/articleView.html?idxno=32021
· 뉴스1 코리아, 〈[뉴스톡톡]쿠팡은 한국 회사입니까? 미국 회사입니까?〉 https://www.news1.kr/articles/?4213730
· 뉴스1 코리아, 〈[잘나가는 아마존]①CEO 편지에 담긴 '성공비결'〉 http://news1.kr/articles/?3317633
· 뉴스1 코리아, 〈[조성관의 세계인문여행] 도쿄에서 만나는 세기의 거장들〉 https://www.news1.kr/column/view/?29&3863389
· 뉴스톱, 〈[팩트체크] 쿠팡은 어느 나라 기업일까?〉 http://www.newstof.com/news/articleView.html?idxno=1859
· 뉴스톱, 〈[팩트체크] 토인비가 말한 '메기 효과'는 사실일까?〉 http://www.newstof.com/news/articleView.html?idxno=1060
· 더벨, 〈숨겨진 지분구조…외자계 기업의 한계?〉 https://www.thebell.co.kr/free/Content/ArticleView.asp?key=2019042501000474500002957
· 매일경제, 〈"해외는 지구본 놓고 사업…한국은 국회의원 인맥지도 봐야" [스물스물]〉 https://www.mk.co.kr/news/business/view/2021/01/54080/
· 매일경제, 〈음지에서 일하며 양지를 지향한다-기업 목숨줄 쥔 '대관의 세계'〉 https://www.mk.co.kr/news/economy/view/2020/12/1235859/

- 머니투데이, 〈그룹 부회장서 식당 웨이터까지 파란만장…故 서상록 누구?〉 https://news.mt.co.kr/mtview. php?no=2014080809070058230

- 머니투데이, 〈브레이브걸스 "역주행 전 취업 준비…한국사·바리스타 공부"〉 https://news.mt.co.kr/mtview. php?no=2021031807465815545

- 미주한국일보, 〈초(秒)불확실성 시대에 길을 묻다〉 http://www.koreatimes.com/article/20210101/1343861

- 스포츠한국, 〈[피플] 카이스트의 괴짜발명왕 '황성재'〉 http://sports.hankooki.com/lpage/people/200909/ sp20090926063309106610.htm

- 아주경제, 〈손정의 소프트뱅크 사장 니혼게이자이신문 인터뷰 전문〉 https://www.ajunews.com/view/ 20160117000605949

- 엔터미디어, 〈'모범택시', 이러니 법보다 이제훈의 주먹에 더 열광할밖에〉 https://www.entermedia.co.kr/news/ articleView.html?idxno=26439

- 연합뉴스, 〈78세 바이든, 입맛은 다섯살…하루시작은 운동·취침전엔 보고서〉 https://www.yna.co.kr/view/AKR2021 0525009600071?input=1195m

- 잡플래닛, 〈[박용후의 관점] 가르침 대신 동기부여를…회사여, 사다리가 돼라!〉 https://www.jobplanet.co.kr/ contents/news-1104

- 조선일보, 〈[김경준의 리더십 탐구] 리더는 연예인이 아니고, 리더십은 장식물이 아니다〉 http://me2. do/58k2MCGc

- 조선일보, 〈[만물상] '청바지 입은 꼰대'〉 http://news.chosun.com/site/data/html_dir/2018/05/14/2018051402947.htm

- 조선일보, 〈[최보식이 만난 사람] "퇴각 결정 머뭇거리면… 더욱 위험에 빠지고 다시 해볼 기회도 없어져"〉 http://me2.do/xYEP9QWb

- 중앙선데이, 〈온몸 쓰니 힘찬 선 나와, 손흥민 70m 드리블 골 그리고파〉 https://news.joins.com/article/24058454

- 중앙선데이, 〈옷은 언어, 삶과 사회에 대한 태도가 패션〉 https://news.joins.com/article/24052660

- 중앙일보, 〈[김기현의 철학이 삶을 묻다] 개인의 탄생, 쾌락의 해방〉 https://news.joins.com/article/23821510

- 중앙일보, 〈[디지털 세상 읽기] 정보기관의 인스타그램〉 https://news.naver.com/main/read.nhn?mode=LSD&mid=sec &sid1=001&oid=025&aid=0003102350

- 중앙일보, 〈[분수대] 대상화〉 https://mnews.joins.com/article/23818767#home

- 중앙일보, 〈[서소문 포럼] 인생 역전과 사적 복수〉 https://news.joins.com/article/24039747

- 중앙일보, 〈[성호준의 골프 인사이드] 골프에는 패전처리 투수가 없다〉 http://www.koreadaily.com/news/read. asp?art_id=9322674

- 중앙일보, 〈[이정동의 축적의 시간] 산업 역량 키우려면, 난제에 도전하는 '문샷' 사고 필요〉 https://news.joins. com/article/24043355

- 중앙일보, 〈'개발자님이시여'…쏘카·컬리 등 스타트업 6개사 CEO 구애작전〉 https://news.joins.com/ article/24028973

- 중앙일보, 〈88세 캔버스 수행자 박서보 "내 모든 걸 발가벗었다"〉 https://news.joins.com/article/23470048

- 중앙일보, 〈본인 부고기사 읽고 싶어 죽은 척, 괴짜 음악가의 첼로 협주곡〉 https://news.joins.com/article/24038747
- 중앙일보, 〈빚독촉 전화만 하루 40통…카페사장은 아침이 무섭다〉 https://news.joins.com/article/24041870
- 한국경제, 〈"더 못 버티겠다"…월 5000명 코로나 파산〉 https://www.hankyung.com/society/article/2021052169331
- 한국경제, 〈골프판 브레이브걸스' 곽보미 우승이 주는 울림〉 https://www.hankyung.com/golf/article/2021051072141
- 한국경제, 〈실리콘밸리 큰손, 갱단서 '조직 성공의 비밀'을 배우다〉 https://www.hankyung.com/life/article/2021042262381
- 한국경제, 〈자기계발·업무 작심삼일 막는 챌린저스〉 https://www.hankyung.com/it/article/2021051986821
- 한국경제, 〈잘나가는 장사의 神…필살기는 끝없는 탐구〉 https://www.hankyung.com/economy/article/2021062112821
- 한국경제, 〈정지선 '온라인 보고' 실험…현대백화점 결재판 2만개 폐기〉 https://www.hankyung.com/economy/article/2021041923881
- 한국경제, 〈창업 5년 해보고 망하면 재입사…롯데칠성음료, 사내벤처에 파격 조건 내걸어〉 https://www.hankyung.com/economy/amp/2021051866951
- 한국경제, 〈코로나 이겨낸 대박집…'장사의 신' 그들은 5가지가 달랐다〉 https://www.hankyung.com/economy/article/2021062072291

블로그

- http://blog.naver.com/PostView.nhn?blogId=kwon4853&logNo=222403189244
- http://youngwook.com/221067496529
- https://blog.daum.net/bjkwon/21382
- https://brunch.co.kr/@futurejob/136
- https://brunch.co.kr/@pusyap/172

사이트

- http://water.nier.go.kr/front/waterEasy/knowledge04_05.jsp
- http://www.seniormaeil.com
- https://ko.abadgar-q.com/wiki/Imperial_Hotel,_Tokyo
- https://ko.wikipedia.org/wiki/%EB%A7%88%ED%81%AC_%EC%A0%80%EC%BB%A4%EB%B2%84%EA%B7%B8
- https://ko.wikipedia.org/wiki/%EB%AC%BC
- https://ko.wikipedia.org/wiki/%EC%84%9D%EA%B0%80%EB%AA%A8%EB%8B%88
- https://ko.wikipedia.org/wiki/%EC%9C%84%ED%82%A4%EB%B0%B1%EA%B3%BC:%EB%8C%80%EB%AC%B8

· https://ko.wikipedia.org/wiki/%ED%99%A9%EC%84%B1%EC%9E%AC

· https://namu.wiki/w/%EC%9C%A0%EC%9E%AC%EC%84%9D

· https://www.jw.org/ko

· https://www.nyculturebeat.com/index.php?mid=Art2&document_srl=3827192

· T Times, 〈[신수정의 리더십 코칭] 중요한 자리에 사람 쓰는 방법〉 http://www.ttimes.co.kr/view.
html?no=2021051309597763648